秒で見抜く
スナップジャッジメント

メンタリストDaiGo

興陽館

あの人の心や性格、「パッと見」で見抜くことができます。

目次 contents

第1章

人を見抜く前に知っておくべき3つの誤解

第2章

能力を見抜く7つのスナップジャッジメント

◉あなたは、付き合う相手を間違えていないか

第3章 性格を見抜く3つの方法論

◉相手の本性を一瞬で見破る

第4章

ウソを見抜く4つの戦略

第5章

パートナーを見抜く5つの着眼点

◉恋愛や結婚で失敗しない相手の選び方

第6章

やばいやつを見抜いて自分を守るための3つの防衛線

◉絶対、近寄ってはいけない「危険人物」の見抜き方

第7章

8週間トレーニング

◉「共感力」を高めて他人を見抜く
スナップジャッジメント・トレーニング

第1章

人を見抜く前に知っておくべき3つの誤解

◉他人を見破れない人がハマる3つの誤解

〈誰もが、他人を見抜く力を持っている〉

人の心を見抜けたら楽だろうな……。

そう思う人は多いでしょう。

相手の考えを読み取れればコミュニケーションは自由自在。仕事相手の嘘を見抜き、初対面の人の性格を適切に判断し、気になる異性の脈ありサインまで見分けられれば、もはや人間関係に悩むこともなくなります。

とはいえ、現実はなかなかうまくいかないものです。

信頼されていた人に裏切られたり、最初は優しかった恋人が急変したり、仕事を任せた同僚に逃げられたり。そのたびに自分の見る目のなさを嘆き、心に傷を負うことも珍しくありません。

しかし、安心してください。

実はあなたの中には、生まれつき他人の心や性格を見抜く才能が眠っています。

たんに正しい使い方を知らないか、何か思い込みにとらわれているせいで、能力を有効に活用できていないだけなのです。

この誰もが持つ能力をフルに引き出すのが、本書の大きなテーマのひとつ。

最後まで読み終えれば、あなたの判断力は確実にアップします。

まずは、その点を詳しく見ていきましょう。

「スナップジャッジメント」を学ぶにあたってまず大事なのが、他人を見抜くのが苦手な人がハマりやすい誤解を知っておくことです。これらの誤解があなたの判断力を狂わせ、うまく他人を見抜けない原因になっています。

ありがちな誤解は、次の3つです。

誤解1　人を見抜くには時間がかかる
「じっくり相手を観察しないと心の中はわからない」は大間違い

誤解2　人間の心は表情と行動で見抜ける
顔と動きはノイズが多すぎて役に立たない

誤解3　人を見抜くには特殊なテクニックが必要
人類には生まれつき人を見抜く能力が備わっている

生まれ持った「スナップジャッジメント」の才能を発揮できない人は、これらの誤解にとらわれていることがよくあります。そのせいで、せっかくの能力を存分に発揮できず、失敗をくり返してしまうのです。

それでは、3つの誤解とはどのようなものなのでしょうか?

誤解1
人を見抜くには時間がかかる

最初の誤解は「人を見抜くには時間がかかる」です。

言うまでもなく人間の心は複雑なもの。その内面を正確につかもうと思ったら、じっくり腰をすえねばならないはず……。そう思うのは自然なことかもしれません。

ところが、その考え方は心理学的には大きな間違い。すでに多くの研究により、**他人を見抜くのにさほどの時間がいらない事実**が判明しています。

なかでも有名なのは、教育心理学者のロバート・ローゼンタールによる実験です。この中で被験者は、ある教師が授業をしている様子を収めた映像を何本か見るように指示されました。そのうえで「教師がどれぐらい有能だと思うか？」を採点させたところ、興味深い結果が出ます。

なんと30秒しか動画を見なかった被験者の評価が、その教師の授業を数ヶ月も受けている学生の評価とほぼ同じだったのです。

この評価は、数ヶ月にわたって教師を指導していた教官の評価とも一致しており、被験者が動画を見る時間を6秒まで減らしても正確さは変わりませんでした。

つまり人間は、他人の行動をちょっと見ただけでも相手の能力を正確に見抜く、「スナップジャッジメント」の能力を持っているわけです。

相手の顔写真だけでここまで見抜ける

この能力は、相手の有能さを見抜く以外のシーンでも発揮されます。過去の「スナップジャッジメント」研究によれば、私たちは相手の顔を見ただけでも、次のような情報を識別できてしまいます。

- **販売員の顔をちょっと見ただけで、相手が良心的な人物か、それとも強引なセールスを行う人物なのかがわかる**

・従業員の写真を何枚か見るだけで、その会社の売り上げや将来性を、かなり正確に予測できる

・ある経営者の学生時代の写真を見るだけで、その会社が儲かっているかどうかを判断できる

・その人の顔を見るだけで、保守的な政党を支持しているか、それともリベラルな政党を支持しているかがわかる

・ネットのプロフィール写真を見ただけでも、その人のメンタルが強いかどうかを見抜ける

・夫婦の会話を6分観察しただけで、その2人が近いうちに離婚するかどうかを高確率で当てられる

これらの事例は、どれも実験で確認されたものです。いずれのデータでも被験者はおよそ2秒～10分の範囲で瞬間的に相手の情報を引き出し、しかも見事に言い当てることができています。

どのような情報をもとに、私たちが相手を判断しているのかは、まだはっきりとわかっていません。おそらく、顔の作り、ファッションのセンス、髪型、肌の色など、あらゆる情報を脳が一瞬で処理したうえで、私たちに「なんとなくの印象」として伝えているのでしょう。

特に人間の脳は、相手が「危険な人物かどうか？」や「本当に信頼できる性格かどうか？」を見抜くのがうまく、ある脳科学の研究によれば、他人を見てから「あの人と関わるのはまずい」と判断するまでの時間はたったの数ミリ秒。それでも多くの被験者は、相手の性質を正確に言い当てられています。俗にいう「第六感」の正体は、この能力が働いたおかげなのでしょう。

いくつかの例外はあるものの、多くの場合、**意識的に考えるよりも瞬間の判断のほうが正しいもの。**長く情報を集めるよりも、「スナップジャッジメント」のほうが正しい結論を出せるのです。

誤解2　人の心は表情と行動で見抜ける

続いてよく聞くのが、「**人の心は表情と行動で見抜ける**」というもの。多くの心理学書でも、「相手の視線が左上を向いたら嘘をつこうとしているサイン」や「ヒザをこちらに向けながら話す人は好意がある」といった解説を見かけます。

もちろん、これらのテクニックにも意味はあります。

緊張すれば誰でも手足にじっとり汗をかきますし、嘘をつけばどことなく視線がおぼつかなくなるケースが普通でしょう。たいていの人は内面の感情が表情に出るものですし、その変化はどんな国でも変わらない事実も明らかになっています。その意味で、人間の内面が顔や動きに現れるのは間違いがありません。

しかし、ここで問題なのは、人の顔と動きには「ノイズ」が多すぎる点です。

例えば、「会話の途中で腕を組む人は何かを隠したい証拠」という定番のテクニックについて考えてみましょう。

確かに、いくつかの研究では、嘘をついている人は腕を組みやすいことが確認されています。嘘がバレないように思わず手足を組んだり、視線をあらぬ方向に向けたりといった動作には、みなに心当たりがあるはずです。

ところが、このような動作は、一方で生まれつき不安症の人や、なんらかの理由でストレスを感じた人なども行うことがわかっています。その動作や表情の変化に目立った違いはなく、外から見ただけでは判別ができません。

要するに、特定の動作や表情には多数の意味が隠されているケースが多いため、もし相手が腕を組んだからといって、いちがいに「これが正解だ」とは言えないのです。

エキスパートでも嘘を見抜く確率は五分五分

事実、過去の研究では、いくら他人の表情、視線、動作などを見ても、心の中は見抜けないとの報告が多く出ています。

シカゴ大学が行った実験では、被験者にいくつかのスピーチ動画を見せた後で、話し手の視線や動きに注目するように指示しました。

そのうえで「この中で嘘の話をしていたのは誰だと思いますか？」と尋ねたところ、全員の的中率はほぼ五分五分。実験前は「私は他人の嘘を見抜くのが得意だ」と自負していた被験者も、正確さはまったく変わりませんでした。

おもしろいことに、この的中率は嘘の大きさが違っても変わりません。「電車が遅れて遅刻しました」のような小さい嘘はもちろん、「来年には出世しそうなんだ」といった大きな嘘でも、どちらも見抜ける確率は50％程度に収まります。いかに表情や動きのサインに注目したところで、多数のノイズに正解がかき消されてしまい、結局は当てずっぽうと同じ確率にしかならないからです。

なかには、警察のように嘘を見抜かねばならない職業の人間ですら、犯人の言葉が真実かを正しく言い当てる確率は一般人と変わらないとのデータもあるほど。それほど人間は相手の内面を見抜くのが苦手な生き物なのです。

なぜ詐欺師の笑顔に簡単に騙されてしまうのか

不思議に思った人もいるでしょう。

私たちは、表情や動きを見てもほとんど他人の心を読めないはずなのに、一方では6秒の動画を見ただけでも相手の有能さや性格を、ある程度まで正しく予想できる能力を持っています。この矛盾は、いったいどのように起きるのでしょうか？

その答えには、やはり「ノイズ」の問題が関わっています。本来はうまく働くはずの判断能力が、なんらかの邪魔によって妨害されているのです。

代表的な例は、相手の「ルックス」です。

もともと私たちの脳には、美男美女を見ると、反射的に「この人は性格もいいのだろう」と思い込んでしまう思考の癖《くせ》が備わっています。心理学では「ハロー効果」と呼ばれる現象で、ひとつの特徴をポジティブに判断すると、それに引きずられて他の要素まで「良いに違いない」と思い込んでしまうものなのです。

「ハロー効果」は人生のあらゆる面に影響を及ぼしており、実際に美男美女ほど得な人生を送りやすいことも判明しています。

ノースカロライナ大学の研究によれば、ルックスが良い生徒ほど教師から目をかけられるせいで学校の成績が上がり、高給な仕事について年収も上がり、裁判官からの印象が良いおかげで訴訟に勝つ確率まで高くなってしまいます。なんとも不公平ですが、これが現実です。

同じように、私たちが弱いのが、相手の「笑顔」

です。

例えば不動産のセールスを対象にした研究では、つねに笑顔の販売員の成約率がもっとも高かったのはもちろん、住宅のパンフレットにハッピーそうな人物を多く使った業者を好みやすい傾向がありました。この現象はあらゆる日用品に見られ、笑顔のイメージと結びついた商品ほど売れ行きは上がります。

先にも述べたとおり、本当は私たちはセールスマンの顔さえ見れば、その人が良心的かどうかを見抜く能力を持っているはず。それにもかかわらず、相手が笑顔を浮かべただけで、持ち前の能力が簡単にダマされてしまうのです。詐欺師がいつも笑顔でいるのも、当たり前の話でしょう。

では、嘘を見抜くのは完全に不可能かといえば、まだ望みはあります。これまでの研究によれば、人間の本当の感情や思考は、表情や行動ではなく、また別のところに現れることが明らかになってきたからです。

その具体的な方法は、第4章から細かくお伝えしていきます。

誤解3 人を見抜くには特殊なテクニックが必要

3つめの誤解は、「人を見抜くには特殊なテクニックが必要」というものです。素人が他人の心を読むのは無理でも、FBIや軍隊の尋問官が使うような特別なテクニックを学べば、自分にも千里眼が備わるのではないか……。

そう思いたくなるのが人情かもしれませんが、残念ながら相手を見抜く魔法のテクニックは存在しません。

「微表情トレーニング」をご存じでしょうか？

「微表情」とは、人間の顔にほんのわずかな時間だけ浮かぶ細かな表情のこと。この小さな違いを見極めて、他人の心を読もうとするのが「微表情トレーニング」です。

海外ドラマ「ライ・トゥ・ミー　嘘の瞬間」などで話題になったテクニックで、作中ではこのスキルを身につけた行動学者が凶悪犯罪者の心理を暴き、見事に事件を解決していく様子が描かれていました。

しかし、このテクニック、現在では効果が否定されています。

ある研究では、697パターンの表情を分析した結果、いくら他人の顔を細かく見ても真実と嘘を見分けるのはほぼ不可能と断定。

あまりにも人間の表情は細かすぎて、どれだけトレーニングを積もうが、人間の目では見極めるのは不可能だったようです。

また、アメリカの空港セキュリティが行った調査では、微表情のトレーニングを積んだエキスパートでも正しい犯人を捕まえる確率は1〜4%の範囲でしかありませんでした。

結局、いくら表情分析のテクニックを学ぼうが、コイン投げとさほど変わらない精度でしか的中率は上がらないわけです。

この他にも、統計をベースにしたという「観相学」や、視覚や聴覚を鍛えれば人を見抜く力が身につくなどの主張もありますが、いずれも科学的にはまゆつば物。データで証明された例はありません。

そのため、近年のアメリカの警察などでは、自分の観察力を上げるのではなく、尋問で相手のメンタルを揺さぶって、犯人を自白に追い込むテクニックを使うほうが主流です。

これは「リードテクニック」と呼ばれる技法で、捜査の現場でも高い成果を上げています。こちらも第4章で具体的な手法を説明しましょう。

人を見抜くスナップジャッジメントの2大戦略

ここまで、「他人を見抜けない」人がハマる3つの誤解を見てきました。

基本的に人間が表情や行動で他人を判断するのは困難ですし、人の心を見抜く特別なテクニックもありません。これが科学の結論です。

そこで、他人を見抜くために私がすすめる戦略は次の2つになります。

戦略1 生まれつきの能力を鍛えて瞬間の判断力を上げる
戦略2 特定の人物が持つパターンを押さえて判断の精度を上げる

ひとつめは、もともと人間の脳にインストールされている「スナップジャッジメント」の能力を鍛えることです。

くり返しになりますが、私たちは、顔写真だけでも相手の性格や能力を見抜けてしまうほどの判断力を持っているのに、様々なノイズによって能力が発揮できていません。

それならば、持ち前の力をトレーニングでアップさせ、「スナップジャッジメント」の成功率を上げていくしかありません。

一定の期間は必要ですが、トレーニングを積み重ねていけば、誰でも生まれ持って兼ね備えた力を発揮できるようになり、他人の心を見抜く精度が確実にアップします。細かいトレーニング法は最終章にまとめたので、ぜひ参考にしてください。

戦略の2つめは、人間が持つ特定のパターンを事前に学んでおき、「スナップジャッジメント」の力をさらに高めることです。

言うまでもなくヒトの心は千差万別ですが、そこにはおのずと一定の偏りが出ます。

少し考えただけでも、社交的な人ほど明るくてゆったりした服を好みそうですし、頭がいい人は読書が好きなイメージがあるでしょう。

多かれ少なかれ、みんな他人の大まかなパターンや特徴を判断材料にしているものです。

が、特定のパターンに頼った判断は、間違いを起こすケースもよくあります。誰もが同じパターンに当てはまるわけではないですし、そもそも自分の見解がたんなる偏見に過ぎないことも珍しくないでしょう。

あくまで大事なのは、科学的に関係性が認められたパターンだけを押さえ、人を見抜くための武器としてあらかじめ大量に用意しておくことです。

本書では、データにもとづいた特定のパターンだけを選び、使えそうなものを中心に紹介していきます。

これら2つの戦略は、いわば車の両輪のようなものです。

「スナップジャッジメント」の能力だけではただの当てずっぽうに終わりかねませんし、パターン認識だけに頼っていたら間違ったときのリカバリーが効きません。

つねに2つの戦略を意識しながら、判断の精度を限界まで高めていくのが重要になります。

まとめれば、人を見抜くためのステップは大きく2つです。

ステップ1　鍛えあげた直感力で相手を大きく見抜く
ステップ2　パターン認識を使って直感の正確性を高める

これが、私の提案する「スナップジャッジメント」の最大のポイントです。

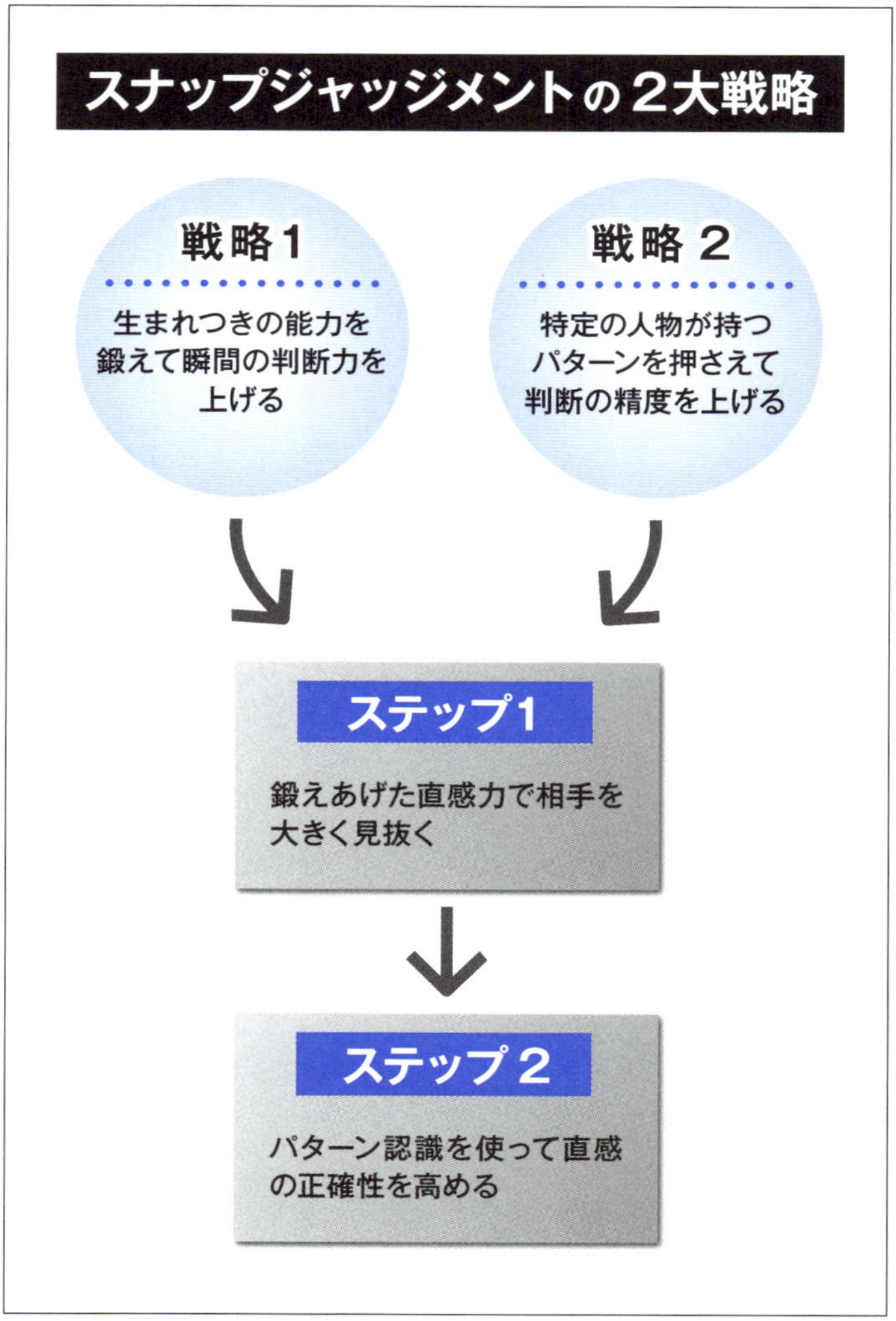
スナップジャッジメントの２大戦略
戦略１
生まれつきの能力を鍛えて瞬間の判断力を上げる
戦略２
特定の人物が持つパターンを押さえて判断の精度を上げる
ステップ１
鍛えあげた直感力で相手を大きく見抜く
ステップ２
パターン認識を使って直感の正確性を高める

第2章

能力を見抜く7つのスナップジャッジメント

◉あなたは、付き合う相手を間違えていないか

〈相手の能力はここでわかる〉

人生をうまく生きていくためには、付き合う相手の能力を的確に見抜く必要があります。

口だけうまくて部下に仕事を押しつけてばかりの上司、自信満々なのに本当は将来性がないビジネスパートナー、なぜかいつも不運な目にあってばかりの友人……。

そんな人ばかりと付き合っていては、あなたまで巻き添えを食らってしまうはず。友人やパートナー選びで人生を浪費しないためにも、まずは他人の能力を正確に見抜くコツを押さえておきましょう。

この章では、相手の能力を見抜くのに役立つポイントを7つ、ジャンルごとに紹介していきます。

1　知性を見抜く：頭の回転が速くて問題解決力が高い人の特徴とは？
2　将来の業績を見抜く：今後、高収入や高い業績を得そうな人の特徴とは？
3　権力を握る人を見抜く：高い地位について実権を握りそうな人の特徴とは？
4　創造性を見抜く：斬新で目新しいアイデアを産みやすい人の特徴とは？
5　幸運な人を見抜く：なぜかいつも運がいい人の特徴とは？
6　口だけの人を見抜く：実際は能力が低い人を判断する方法とは？
7　嫌われる人を見抜く：悪い人ではないのに嫌われてしまう人の特徴とは？

すべてのパターンや特性を理解すれば、「どんな人と付き合っていくべきだろう？」や「この人との関係を続けていくべきだろうか？」などの悩みはなくなります。ここで、相手の能力を見抜く方法をしっかり身につけましょう。

1 相手の「知性」を見抜く

知性が高いほうがなにかと有利なのは言うまでもありません。頭が良ければ人生のトラブルにも適切に対処できますし、作業をこなすスピードも人より格段に速いでしょう。

が、さらに大事なのは、知性が高い人と付き合えば、私たちの頭まで良くなってしまうところです。頭の良さは生まれつきのものと思われがちですが、ある程度まで付き合う友人の影響を受けています。

ある研究では、12歳の子供たちのＩＱを測った

うえで、それぞれに「最高の友人」を選ばせる調査を行いました。そして、3年後に全員のＩＱを再チェックしたところ、興味深い結果が現れます。12歳の時点で頭が良い友人と付き合っていた子供は、自分のＩＱまで高くなっていたのです。

友人の影響で頭まで良くなる理由は、まだよくわかっていません。知性が高い人を見て学習のモチベーションが上がった可能性もありますし、友人の知性に合わせようとして努力する気持ちが上がった可能性もあります。いずれにせよ、**知性が高い人を見抜けたほうがメリットは大きい**のは確実です。

それでは、ＩＱテストなどを使わずに、知性の高さを見抜くにはどうすればいいのでしょうか？

「パッと見」で見抜く

2014年、プラハ・カレル大学がおもしろい実験を行いました。被験者に様々なタイプの男女の顔写真を見せて、「誰が頭が良いと思いますか?」と尋ねたのです。判断の手がかりは顔写真だけで、名前や年収などの情報はすべて伏せたまま。被験者たちは、あくまで直感だけで知性を見抜くように指示されました。

その結果わかったのは、私たちは直感だけでも他人の知性を正しく見抜くことができる、という事実です。

この研究では、「頭が良さそうだ」と評価された人ほど実際にＩＱテストの結果が良く、特に論理的に問題に取り組む能力と頭の中で空間を立体的にイメージできる能力の2つが高い傾向がありました。どうやら人間には、無意識のうちに他人の知性を見抜く能力が備わっているようです。

ただし、この傾向はあくまで男性に特有のものなので注意してください。理由は不明ですが、女性の顔写真を見た場合は、どの被験者も知性の高さがうまく判断できなかったそうです。直感に頼るときは、男性だけにしておきましょう。

見た目の良さで見抜く

科学の世界では、昔から「ルックスが良い人ほど頭も良い」という事実がたびたび指摘されてきました。ほとんどの統計調査で、見た目と知性の高い関係性が確認されたからです。

あるイギリスの研究では、1万7千人の男女にリサーチを行い、「ルックスが良い」と他人から評価された人とＩＱの関係を確かめました。すると驚いたことに、**見た目が良い人のＩＱは、見た目が悪いと評価された人に比べて平均で12・5ポイントも高かったのです。**

その理由はまだ明らかではありませんが、先に

も触れたとおり、ルックスが良い人ほど周囲から目をかけられるせいで脳が発達しやすくなるのではないか？と考えられています。ルックスが良いからといって必ずしも頭が良いとは限らないものの、相手の知性を見抜く材料のひとつとしては十分に使えるでしょう。

好きな「お笑い」のタイプで見抜く

知性の影響は、好きな「お笑い」の違いにも現れます。実は、ＩＱが高い人はブラックジョークを好みやすいのです。

これはウィーン医科大学の実験でわかった事実で、被験者に有名な風刺マンガ家の作品をいくつか読ませたところ、その内容を楽しんだ人ほど、ＩＱと教育レベルが高い傾向がありました。

ブラックなジョークはひねりが効いていることが多く、内容を理解するには複雑な情報を処理しなければなりません。そのため、人の死や悲劇をあつかったジョークで笑うためには、一定以上の知性が必要になるわけです。

ちなみに、実際に研究で使われたジョークの例を挙げておきます。

・妊娠中の女性に、医師が検査の結果を説明している。「最初に良いニュースがあります。あなたの子供は、今後パーキングスペースに困ることはありませんよ」

・サンタクロースの前に、プレゼントを欲しがる動物の列ができていた。サンタはペンギンに魚をあげ、犬にビスケットをあげ、猫にはツナをあげた。すると、最後にサンタの手にはチーズだけが残った。「あれ?『チーズが欲しい』と手紙を書いてきたのは誰だったんだろう?」

もし知性を調べてみたい相手がいれば、試しにこの小話を投げてみて、すぐに向こうが内容を理解できたかどうかをチェックするのもいいかもしれません。

立体パズルのうまさで見抜く

多くの天才に共通するのが、「立体パズルが得意」という要素です。頭の中だけでレゴブロックを組み立てたり、複雑な形の石を2つに切ったときの断面図をイメージしたりと、立体的なものを想像する能力を備えています。

基礎学力テストで上位0・5％に入った子供を対象にした研究によれば、天才を生む原因の7・5％に「立体パズルのうまさ」が関係していました。また、数学や言語の能力だけでなく、立体を操る能力に優れた人は、エンジニア、建築家、外

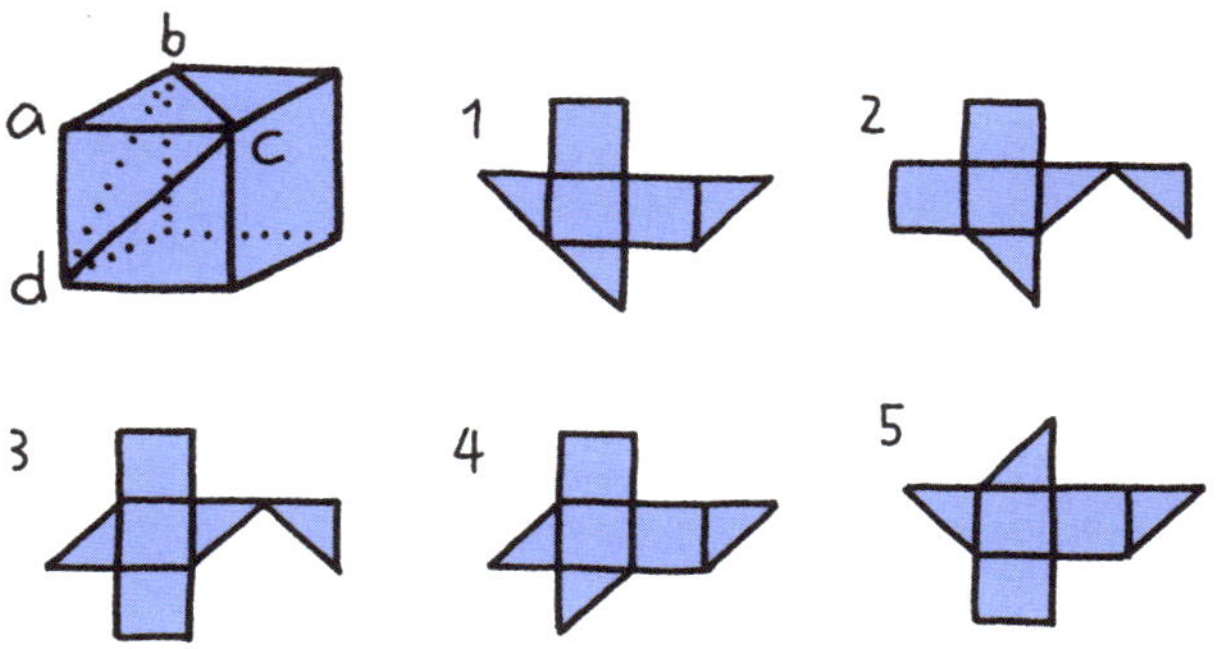

科医など様々な分野で並外れた才能を示すケースが多かったそうです。

知性を試したい相手がいたら、右下のようなパズルを出して、すぐに解けるかどうかを調べてみてもいいでしょう。

酒好きかどうかで見抜く

知性が高い人ほど酒にハマりやすい。 そう言われれば、少し意外に思われるかもしれません。

しかし、これも多くのデータが明らかにした事実です。生まれや育ちに関係なく、ＩＱが高い人は酒やタバコなどの嗜好品を好むとの結果が一貫して出ています。

この現象には、頭が良い人ほど好奇心が強いという性質が関係しています。知性が高い人たちは、つねに新しい刺激を求めて行動する一方で物事に飽きやすい傾向があり、そのせいで体に悪い嗜好品にすら手を出してしまうのです。

ただし、当然ですが、メンタルの弱さをまぎらわすために酒に走る人もまた多くいます。酒好きだからといって頭が良いと即断はしないでください。

人付き合いで見抜く

知性の差は人付き合いにも影響します。

知性が高い人は孤独を好みやすく、ひとりの時間を大事にしがちなのです。

これは1万5千人を対象にした研究でわかった事実で、頭が良い人は他人とのコミュニケーションから幸福感を得にくく、孤独を好みやすい性質がありました。

知性が高い人ほど付き合いが悪いのは、頭の良さが災いして、友人の存在が邪魔になりやすいからです。

なぜなら、頭が良い人は複雑な問題に興味を持つ傾向があり、社会問題の解決や投資の仕組みなど、すぐに解決できないプロジェクトに取り組もうとします。しかし、その解決には多大な脳のリソースを必要とするため、どうしてもコミュニケーションに回す分がなくなってしまうのです。
これもまた、知性の高さを示す重要なサインのひとつです。

睡眠パターンで見抜く

「睡眠パターン」も、知性と大きな関係を持っています。

ロンドン大学が2万人の若者を調べた研究によれば、平均的なアメリカ人の睡眠パターンに比べて、ＩＱが高い人たちは平均で30分ずつ「遅寝遅起き」の傾向がありました。一般的には早寝早起きのほうが良いイメージですが、実際には、頭が良い人ほどよいっぱりだったのです。

その原因について研究者は、頭が良い人ほど現代の睡眠環境に適応できているからではないか？と推測しています。

人類が進化した古代の環境では、暗くなればすぐに寝て、朝日と同時に目を覚ます暮らしが当たり前でした。そのおかげで多くの人たちは、いまも「早寝早起き」をしないと頭がうまく働かないように進化しています。

ところが、頭が良い人は、現代のように夜でも明るい環境に対応する能力が高く、「遅寝遅起き」でも脳の機能は落ちないまま。その結果、平均的な知性の人よりも自然と夜更かしになってしまうわけです。

早寝早起きで業績を上げた偉人も多いので断定はできませんが、少なくとも指標のひとつにはなります。

2 相手の「将来の業績」を見抜く

続いて、相手の「将来の業績」を見抜くポイントを紹介しましょう。

ここでいう業績とは、主にその人の「未来の収入額は増えるか？」や「なんらかの立派な仕事を成し遂げられるか？」を意味します。

そんなものが見抜けるのか？と思われるかもしれませんが、計量経済学などの研究が進んだおかげで、近年では将来に業績を上げる人と上げない人の違いがわかってきました。以下にお伝えするポイントを満たした人物は、いまは平凡に見えたとしても、やがて大きな花を咲かせるかもしれません。

高校時代の行動で見抜く

まず大事なのが、その人が高校生のころにどんな学生だったかです。

約3万5千人の高校生を集めた研究では、全員の性格や家庭環境、学校での態度などを調べたうえで、50年後にどんな違いが出たかをチェックし、歳を取ってから大きな年収を稼ぐ人には2つの特徴があることを突き止めました。

・学校への興味：学生時代に授業をしっかり聞いていたかや、クラスの行事にちゃんと参加したかなど。

・責任感：宿題を毎日やっていたかや、割り当てられた仕事をこなしていたかなど。

つまり、学生時代にまじめな優等生だった人ほど、大人になってからも高い年収を稼ぐ可能性が高いわけです。やはり、不良が改心して成り上がるようなストーリーは、現実的には珍しいパターンなのでしょう。

将来性が気になる相手がいれば、まずはどんな高校生だったかを尋ねてみてください。

子供時代の読書量で見抜く

本を読む人はいかにも頭が良さそうですが、果たして年収との関係はどうなのでしょうか？

この問題についても、一定の科学的な答えが出ています。例えばイタリアで行われた研究では、子供のころに家に置いてあった本の量を調べ、その数を被験者が成人してからの年収と比べたところ、子供のころに学校以外で最低10冊の本を読んだ人は、まったく本を読まなかった人に比べて年収が21％も上回っていました。

さらに、科学者を対象にした別の研究では、イノベーティブな仕事を残した人ほど読書家で、まったく畑違いの論文でも手当たり次第に読みつつ、図書館に通っては美術や歴史などの教養書にも手を伸ばすような本の虫だったそうです。

ちなみに最初の研究では、家に本が50冊あろうが200冊あろうが、大人になってからの年収の上がり方に違いはありませんでした。**つまり、相手の将来性を知りたければ、「子供のころ、家に10冊以上の本があった？」と聞いてみましょう。**

その答えがイエスなら合格です。

マネースクリプトで見抜く

マネースクリプトは、金融心理学で有名なブラッド・クロンツ博士が考案したアイデアです。簡単に言えば「人間は無意識にお金に対する強い価値観を持ち、それに人生を動かされている」という考え方で、具体的には以下の4パターンに分けられます。

①**金銭忌避**：「お金は汚いものだ」や「人間は質素に暮らすべきだ」という考え方。いわゆる「嫌儲」です。

②**金銭ステータス**：「人間の地位はお金に現れる」や「貧乏人は怠け者なのだ」という考え方。強者の理論です。

③**金銭崇拝**：「お金があれば自由になれる」や「もっとお金があれば幸せになれる」という考え方。金銭への信仰に近い状態です。

④**金銭警戒**：「お金は使うよりも貯めるものだ」「お金は万が一のトラブルに備えるためのもの」という考え方。不安解消のためにお金を使うタイプです。

これらの価値観は、私たちの年収を大きく左右しています。

クロンツ博士が、アメリカで年収が上位2・5％に入る人たちを調べた研究によれば、ほとんどの大金持ちが抱いていたのは「金銭崇拝」でした。この価値観を強く持つほど年収は上がっていき、逆に「金銭忌避」を持つ人は年収が最低ランクになってしまいます。

この結果を「スナップジャッジメント」に活かすときは、**相手に「お金についてどう思う？」や「なんのためにお金を稼いでるの？」と尋ねてみましょう。**そこで「自由」や「幸せ」などのフレーズが出てくれば当たりです。

睡眠時間で見抜く

寝不足が体に悪いのは常識ですが、最近ではさらに「よく眠らないと年収が下がる」というデータも多くみられます。

アメリカで行われた調査によると、10万人の睡眠時間と賃金の関係を比べてみたところ、週の睡眠時間が1時間長くなるごとに、長期的におよそ5％ほど賃金が上がることがわかりました。逆に週の睡眠時間を改善すると、その効果は、正規の学校教育を1年受け続けた場合の年収アップ率のおよそ半分にも匹敵したそうです。

さらに、ドイツの若者を調べた別のデータでは、1日の睡眠が5時間を下回ったあたりからギャンブルを好むようになり、しかも自分ではその変化に気づけなかったとの報告まで出ています。

睡眠不足は脳の働きを悪くし、健康状態を悪化させて仕事の効率を下げ、幸福度も大きく低下させます。その意味では、ちゃんと寝ていない人の年収が下がってしまうのは当たり前でしょう。

相手の将来性を予測したければ、毎日の睡眠時間を聞いてみるのも手です。

タバコで見抜く

タバコも将来の年収を左右する大きなポイントです。煙を吸えば体調が崩れて仕事に悪影響が出てしまいますし、タバコ代も馬鹿になりません。そんな当たり前のダメージが少しずつ蓄積して、やがて年収を下げる要因になっていきます。

そんな事実を明らかにしたのが、無職の人を対象にしたスタンフォード大学の調査です。1年をかけて被験者の就職状況を追いかけたところ、愛煙家とノンスモーカーにはこんな違いがありました。

・愛煙家が新しい仕事を見つける確率は27%
・ノンスモーカーが新しい仕事を見つける確率は56%

タバコによって就職率に2倍もの格差が出たわけです。

さらに、どうにか愛煙家が職に就けた場合でも、そこからも過酷な現実が待っています。愛煙家の収入が時給およそ1500円だったのに対し、ノンスモーカーはおよそ2000円だったのです。

つまり、タバコを吸うと就職が難しくなるうえに、稼ぎまで減ってしまいます。

年収を下げる要素としては、非常にわかりやすい指標でしょう。

「優しさ」で見抜く

誰にでも優しく接する人がいます。

仕事で困った同僚がいれば手伝ってやり、貧しい人には自ら手を差し伸べる。誰からも嫌われない聖人のような人物ですが、このタイプは、「将来の年収」という面では大きなデメリットを抱えています。みんなに好かれるからといって、必ずしも金持ちになれるわけではないのです。

事実、コーネル大学が1万人の男女を調べた研究では、全員を20年にわたって追跡したところ、**「調和性」が高い人は年収が平均18％も低い**という結果が出ています。年間の金額に換算すると、およそ110万円の差です。

「調和性」は人間が持つパーソナリティ特性のひとつで、簡単に言えば「どれだけ他人と仲良く生きられるか？」を表しています。つまり、この要素を強く持った人ほど、周囲から「優しい」と判断されるわけです。

優しい人の年収が下がってしまうのは、あまりに他人の世話を焼きすぎるせいで、ワークライフバランスが崩れるからだと考えられています。人のために時間を使いすぎて自分の欲望が置き去りになり、やがて燃え尽きてしまうのです。

また別の研究によれば、年間に100時間以上をボランティアのために使う人は、健康レベルと幸福度が下がってしまいます。この時間を超えてまで他人に尽くしている人には、気をつけたほうがいいでしょう。

3 「権力を握る人」を見抜く

3つめは、いつか権力の座につきそうな人を見抜くためのポイントです。政治家やCEOなど権力者の形は様々ですが、とにかく後々に実権を握りそうな人物を判断する方法をご紹介します。

先ほどの「将来の業績を見抜く」に近い印象があるかもしれませんが、ここでフォーカスするのは他人への影響力です。本当にその人物に高い能力があるかではなく、とにかく社会的に良い地位につき、広く尊敬を集めやすいキャラクターかどうかを見抜くのが、このパートの目標になります。

そのような人物についていくかどうかはあなた次第ですが、とりあえず権力者の卵を押さえておけば役に立つ日が来るでしょう。

顔写真で見抜く

もっとも手軽で正確に権力者の卵を見抜く方法が、**「顔写真を見る」**というものです。実は多くの人は、相手の顔を見るだけでも、その人が権力者になれるかどうかをある程度まで判断できてしまいます。

プリンストン大学の実験では、被験者にアメリカ議会選の候補者たちの顔写真を見せ、「どの人が有能そうだと思いますか?」と尋ねました。そして、全員の返答を選挙戦の結果と比べたところ、多くの被験者から「有能に見える」と判断された候補者ほど、実際に当選率が高かったのです。

分析によれば、候補者の顔だけで判断した場合の的中率は67〜72％とのこと。たんに顔写真を見ただけにしては驚くべき高確率です。

当たり前ですが、これは「有能そうな顔の人は本当に有能なのだ」という意味ではありません。有能そうな顔には自然と人からの支持が集まるため、実際に能力があるかどうかとは関係なしに権力を手に入れやすいのです。

ＣＥＯを対象にした別の研究でも、似たような結果が出ています。研究チームは、フォーチュン５００から上位25社と下位25社を選び、それぞれのＣＥＯの顔写真を入手。被験者たちにはＣＥＯの顔写真だという事実を隠したうえで、「どの人が優秀なビジネスマンだと思いますか？」と尋ねました。

続いて、全員の評価と会社の利益を比べたところ、面白い結果が出ました。大半の被験者が「有能そうだ」と判断したＣＥＯは、本当に業績が良い企業のトップだったのです。

このような結果が出た理由は、まだよくわかっていません。有能そうなＣＥＯは実際に利益をあげるのがうまいのかもしれませんし、逆に業績が良い企業ほど有能に見えるＣＥＯを雇う傾向があるのかもしれません。

何が正解なのかは不明ですが、人間には権力を手にしやすい人を直感的に見抜く能力が備わっているようです。**出世しそうな人を見極めたかったら、まずは自分の直感を信じてみてください。**

うぬぼれ度で見抜く

どんな世界にも、うぬぼれ屋はいるものです。まだなんの成果もあげていないのに「俺ならこうする」とうそぶいてみたり、適性もないのに「自分に任せてください」と切り出したりと、自己アピールに余念がありません。

そんな人を見れば、誰でも「こんなやつが成功するわけがない……」と思いそうなものですが、現実は違います。実際には、うぬぼれが強くて自信過剰な人ほど、出世の階段を登りやすいことがわかっているのです。

例えば、カリフォルニア大学が行った一連の調査によれば、根拠がない自信を持っている人は高い社会的地位を得ているケースが多く、実際に能力があるかないかに関わらず、他人から大きな尊敬を集めていることが判明しました。

しかも、恐ろしいことに、研究チームが被験者に実際の業績をデータで示し、うぬぼれ屋の言葉にはなんの裏付けもない事実をバラしても、周囲はその人物を「信頼している」と答え続けたそうです。大半の人には、過剰な自己アピールをうさん臭いと思いつつも、どこかでそれを信じてしまう心理があるのでしょう。

過剰な自己アピールは印象が悪いものの、一方で権力の座につきやすくする効果もあります。そこから本当に業績を上げていくかはわかりませんが、間違いなく集団を支配する能力は高いのです。

嘘つき度で見抜く

うぬぼれと同じぐらい、権力を握るために欠かせないのが「嘘」です。世間的にはよくない行為だと思われがちですが、こと出世に関しては絶大な威力を発揮します。

少し考えただけでも、嘘のメリットは明白でしょう。第1章でお伝えしたとおり、たいていの人は他人の嘘を見抜けないのに、「自分は嘘を見抜くのが得意だ」と思い込む傾向があります。これでは嘘がはびこるのも当然です。

実証経済学の調査によれば、サラリーマンの78%が自分の能力や業績を大幅に盛って話し、その結果としてかなりの報酬を得ています。また別の研究では、人間は嘘をつくときほど自信満々な態度になるため、先に紹介した「うぬぼれボーナス」が乗っかり、さらに信頼度が増すこともわかっています。

嘘の効果を最大限に使ったリーダーといえば、アップルのスティーブ・ジョブズです。彼があまりに現実とかけ離れたことを言うため、社内では「現実歪曲空間」なる言葉が使われていたのは有名な話。評議員の選定のためにＦＢＩが行った身元調査にも、「ジョブズは目的のために真実を曲げる傾向があるとして、正直さに疑問を持つ者がいた」とまで書かれてしまったほどです。

嘘の倫理的な問題は別として、普段からよく他人をダマし、しかもそれを悪びれないような人ほど出世街道を上りやすいのはまぎれもない事実。具体的に相手の嘘を見抜く方法については、１３５ページからさらに詳しくお伝えします。

サイコパス度で見抜く

権力を手にしそうな人物を見抜くには、その人が「サイコパスかどうか？」を意識してみるのも有効です。

メディアなどでは冷酷な犯罪者のようなイメージもありますが、これは半分正解で半分間違い。近年の研究では、サイコパスには次のような2種類が存在することがわかっています。

・**一次的サイコパス**：大胆不敵で恐れ知らず。他人に何を言われても自分の意見を曲げず、結果がどうなろうとも恐怖感を覚えない。そのため仕事のストレスにも強く、同僚からは「頼りになる」や「助けになる」と支持されていることが多い。

・**二次的サイコパス**：自己中心的で欲望のコントロールができない。他人のことを考えずに衝動のまま行動するため、同僚からは「面倒なやつ」や「近寄らないほうがいい」と思われているケースが多い。

簡単に言えば、一次的が「良いサイコパス」で、二次的が「悪いサイコパス」です。

確かにサイコパスは自己中心的で冷淡な性質を持ちますが、それはプレッシャーに強くて勇気があるというメリットと裏腹でもあります。おかげで、サイコパスの特性がうまく社会にフィットすれば、大きな権力を手にする可能性も十分にあるわけです。

心理学者のケビン・ダットンが行った調査によれば、サイコパスは次のような職業に多く見られます。

・CEO
・弁護士
・芸能人
・外科医

人の命を預かる仕事や人前に出なくてはいけない仕事など、他者への影響力が強くなる職業ほど、サイコパスの特性はうまく働くようです。逆に、看護師、セラピスト、アーティストなどには、比較的サイコパスが少ない傾向があります。まわりからは「勇気がある」と賞賛されているあの人も、実はサイコパスなのかもしれません。

といっても、サイコパスには**「自信家」「冷淡」「口がうまい」「無責任」**といった多くの特徴があり、見抜くのはさほど難しくありません。サイコパスを見分ける方法については、第6章でさらに詳しくお伝えします。

4 相手の「創造性」を見抜く

続いて、創造性が高い人を見抜く「スナップジャッジメント」です。

言うまでもなく、クリエイティブな人は問題解決がうまいですし、多くの研究ではアイデアマンのそばにいるだけで自分の創造性までアップするとの結論も出ています。

ここに紹介する特徴を押さえて、アイデアマンを見抜く確率を上げてみましょう。

皮肉のうまさで見抜く

最初に注目したいのは、その人の「返答」です。

注目するポイントは、ズバリ「皮肉」を多用するかどうか。他人の評価を聞かれて「仕事ができないところ以外は最高」と返したり、本番でミスした相手に対して「練習に強いタイプなんだろうね」と言ってみたりと、このタイプの言い回しを多く使う人は、創造性が高い確率がとても大きくなります。

うまい皮肉を言うためには、優秀な脳が欠かせません。とっさに回りくどい表現で意味を伝えなければならないため、自然と抽象的な思考力が必要となり、その結果、良いアイデアを思いつく脳の回路も活性化するのです。

ただし、ここで「嫌味」と「皮肉」を混同しないように気をつけてください。

嫌味は直接的な非難に過ぎず、例えば何か失敗した人に対して「別の人ならもっとうまくやっただろうなぁ」と言うような状態を指します。ここから深い意味を汲み取る必要はなく、ただのストレートな悪口に過ぎません。

一方で皮肉は、口から出た言葉と裏の意味に距離を持たせなくてはならないため、話し手も受け手も脳を使う必要があります。このポイントを誤ると、性格が悪いだけの人を「創造性が高い」と勘違いしかねません。

ちなみに、心理学者のフランチェスカ・ジーノ博士が行った実験によれば、皮肉がうまい人は創造性が高いだけでなく、逆に自分が皮肉を言うように努力した場合にも創造性は高まります。**良いアイデアを出したいときは、軽く皮肉っぽい冗談を考えてみるのもいいかもしれません。**

遅刻ぐせで見抜く

時間に遅れる人は、現代では厄介者あつかいされがちです。確かに、大事な会議やプライベートの待ち合わせをいつも守らないようでは、他人への迷惑は計り知れません。

が、こと「創造性」に関しては話が別です。過去の研究により、遅刻が多い人ほど創造性が高いことがくり返し証明されてきました。

このタイプの遅刻魔を、専門的には「タイプＢパーソナリティ」と呼びます。タイプＡが競争好きでせっかちな性格なのに対し、タイプＢは楽観的でリラックスするのが上手な性格の持ち主です。

ご存じのとおり、良いアイデアはリラックス状態のほうが浮かびやすいもの。そのため、基本的にはタイプＢのほうが創造性テストの成績が良い傾向があります。

しかし、この心の余裕こそが、一方ではタイプＢの欠点にもつながります。タイプＡと違ってせっかちではないうえに創造性が高いせいで、イメージの世界に遊ぶのもうまく、つい時を忘れてしまいがちなのです。

さらに、タイプAとタイプBは時間感覚が違うこともわかっています。ある実験では、被験者に「勘だけで1分間を計測してください」と指示したところ、タイプAは平均「58秒」と答えたのに対して、タイプBの平均は「77秒」でした。この感覚の差が積み重なり、慢性的な遅刻につながってしまうわけです。

次に遅刻が多い人を見たときは、すぐに怒らず「もしかして創造性が高いのかも……」と思ってみるといいでしょう。

心配性で見抜く

創造性が高い人はリラックスがうまいものの、それと同時に「心配性」という特徴も持っています。

これはロンドン大学の実験でわかった事実で、被験者の不安になりやすさと創造性を調べたところ、**心配性のほうが良いアイデアを生み出す確率が高かったのです。**

この現象は、ヒトが「心配」のために使う脳のエリアが、創造性を生み出すエリアとつながっているせいで起きます。斬新なアイデアを思いつくためには様々な思考を巡らせる必要がありますが、そのための能力がマイナスに転ぶと「考えすぎ」の状態が発生し、ネガティブな感情につながってしまいます。

先の「創造的な人はリラックスがうまい」という話と矛盾するようですが、そんなことはありません。要するに、創造性が高い人とは、何もトラブルが起きていない場面ではリラックスしているものの、いったん問題が起きると他の人よりも深刻に考えすぎてしまう傾向があるのです。

普段はリラックスしているのに、トラブルに対しては誰よりも不安になってしまうような人は、もしかしたらアイデアマンの素質があるのかもしれません。

集中力で見抜く

「集中力がない」という悩みを持つ人は多いでしょうが、実は「創造性」を高めるうえでは大きなメリットを持っています。スマホの通知や周囲の雑音、視界の隅を横切る虫など、ちょっとしたものに気を取られやすい人ほど創造性が高い傾向があるからです。

ノースウエスタン大学の実験では、まず被験者に創造性のテストを行い、続いて電位計で全員の脳の活動をチェック。創造性が高い人の脳は何が違うのかを確かめたところ、普通の人よりも「感覚のフィルター機能」が弱いことがわかりました。

脳の感覚フィルターは、様々な音や視覚情報の中から、自分にとって必要なものだけを絞り込む能力。あなたが町の喧騒の中でも友人の声を聞き取れるのは、このフィルターが正常に働いているからです。

逆にこの能力が低いと、私たちは余計な情報まで頭に取り込んでしまい、本当に必要なものから意識がそれてしまいます。その結果、創造性が高い人ほど集中力がないように見えるのです。

つまり、創造性が高い人の脳は、いろんな情報を選り分けるのが大の苦手。しかし、そのおかげで、他の人が捨ててしまうような情報を頭の中にキープしておけるため、やがて様々なデータが脳内で化学反応を起こし、簡単には思いつかない斬新なアイデアに結びついていきます。集中力がないのも良し悪しなのです。

ズルさで見抜く

行動経済学者のダン・アリエリーが、かつてこんな実験を行いました。

まずは一般的なテストで学生の創造性を調べた後、全員に脳トレのようなシンプルなパズルを解くように指示。この時アリエリー博士は「得点が高い人には10ドルを渡します。得点は自己申告制です」とだけ告げて部屋から退出しました。要するに、学生たちに「嘘をつくほどお金がもらえる」と思い込ませたわけです。

その後で学生の行動を確認したところ、興味深い傾向が現れます。事前のテストで創造性が高いと診断された学生ほど、研究者に嘘をつく確率が高かったのです。

実は、創造的な人ほどズルをしやすいという事実は、昔から多くの研究で確認されてきました。斬新なアイデアを生み出すのが得意な人は、他の人よりも簡単に嘘をつき、不正な行為に手を出しても悪びれません。

その理由は、新しい発想を生み出すには、どうしても既存のルールを破る必要があるからです。

創造性が高い人は頭の柔軟性が高いため、人よりも簡単に古い視点から飛び出し、新しい道を見つけるのがうまいもの。既存のルールから外れれば、自然と旧来のモラルに触れてしまうケースも多くなります。

ズルがうまい人、またはルールを破るのが好きな人がいれば、それは創造性の高さを示すサインなのかもしれません。

5「幸運な人」を見抜く

「幸運な人を見抜く」と言われれば、いぶかしむ人もいるでしょう。あくまで運は偶然に左右されるものであり、事前に判断できるようなものではないからです。

が、その考え方は大間違い。近年の心理学では、なぜかいつもラッキーな人の特徴が科学的にわかってきました。

誰でも不運な人のそばにはいたくないものです。ここから紹介するポイントをつかめば、あなたも「幸運な人」の恩恵に預かれるようになるでしょう。

思い込みの強さで見抜く

最初のポイントは、その人が自分のことを幸運だと思っているかどうかです。「私は運に恵まれている」と思い込んでいる人ほど、実際にラッキーな事件に遭遇しやすいものなのです。

もちろん、スピリチュアルやオカルトとは関係ありません。背景には心理的な理由が存在します。

第一に、自分を「幸運だ」と思い込んでいる人は、悪いことが起きても立ち直りが早く、少しの逆境にも負けずに行動を続けます。その結果、普通の人ならすぐにあきらめてしまうような状況でも粘り強く取り組むため、チャレンジの回数が増加。最終的には普通の人より成功率が上がることになります。

第二に、自分を「幸運だ」と思えれば、それだけ気分が明るくなり、リラックスした状態でいられます。心に余裕がある分だけ視野が広くなり、

チャンスに気づくのがうまくなるのです。

ところが、ネガティブな人は警戒心が強くなってしまうせいで視野が縮小します。「木を見て森を見ず」のような状態にはまり込み、目の前にチャンスが転がっていても気づけません。一般的にもネガティブな人ほど運が悪いようなイメージがありますが、これは心理学的にも正しい考え方なのです。

つまり、幸運な人を見抜くには、まずは「**自分は運が良いほうだと思う?**」と聞いてみるのがベスト。答えがイエスなら、実際に運が良い可能性は高くなります。

現実逃避度で見抜く

「ポリアンナ症候群」をご存じでしょうか? 一言で言えば「過剰なポジティブシンキング」のことで、どんな不幸な状況でも自分の都合がいいように解釈してしまう性質を意味します。

誰が見てもブラック企業なのに「週末は休めるからマシだ」と考えたり、詐欺にダマされても「よい勉強になった」と解釈したり、足の骨を折ったら「首が折れなくてよかった」と安心してみたり……。

なんでも良いほうに考えてしまう人は、「ポリアンナ症候群」なのかもしれません。

悪く言えば現実逃避の一種なのですが、これもまた幸運を呼ぶためには有効な要素でもあります。

どんなに不幸な状況でも都合よく解釈できれば、とりあえずその場は激しいストレスが減るでしょう。そのせいでネガティブな気持ちが薄れて視野が広がり、目の前のチャンスに気づきやすくなるのです。

決して行きすぎたポジティブシンキングがいいわけではないものの、幸運を呼びやすい人の特徴としてはわかりやすいサインです。

直感を信じるかどうかで見抜く

幸運を引き寄せる人には、もうひとつ「直感を信じて行動する」という特徴があります。幸運な人ほどものごとを突き詰めて考えず、自分の感覚にしたがって決断を下す傾向があるのです。

英ハートフォードシャー大学の研究によれば、周囲から「あの人は運がいい」や「良いことが次々に起きる」と判断された被験者のうち、実に90%が「対人関係では直感を重視して行動する」と回答。将来の職業の選択という重要な場面でも、およそ80%が「フィーリングで決めるのが大事だ」と答えました。

ただし、なかには、たんに考えるのが面倒だという理由で直感を使う人も少なくないため、**相手を判断したいときは、なるべく人生の重要な決断について尋ねたほうがいいでしょう。**「転職するとしたらどう選ぶ？」や「結婚相手はどうやって決める？」

など、問題が大きくなるほどその人の素が出やすくなります。

リアクションで見抜く

幸運の持ち主は、会話中のボディランゲージにも特徴があります。イギリスで行われたある実験によれば、幸運な人は会話中に手を叩いてみたり、楽しいときにのけぞってみたりと、とにかく大げさな身ぶりをする傾向が強くありました。

会話中に大きなリアクションをされれば、誰でもうれしくなるもの。表面的には「大げさでしらじらしいなぁ……」と思っても、無意識にテンションが上がってしまうのが人間です。

幸運な人々は、このようなボディランゲージで相手からの好意を積み重ね、どんどんソーシャルネットワークの範囲を広げていきます。その結果、時に思いもよらないような幸運が舞い込むわけです。

幸運な人に特徴的なボディランゲージは、他に次のようなものがあります。

・手のひらを相手に見せて座る
・相手の顔を真正面から見つめて大きくうなずく
・相手に少し身を傾けながら話を聞く
・動作がゆったりしている

全体的に言えば、幸運な人には縮こまった印象がなく、つねに相手にリラックスした感覚を与えます。そんな人がいれば、幸運の持ち主である可能性は高いでしょう。

ミーハー度で見抜く

新しいものになんでも飛びつくミーハーなタイプは下に見られやすいものですが、幸運の面では大きなアドバンテージを持っています。

新しもの好きのことを、心理学では「開放性が高い」と呼びます。目の前に現れたものにすぐに飛びつき、飽きたらまた別の興味へと渡り歩いていくようなタイプのことです。

いかにも軽薄なようですが、人よりも行動の量が多いせいで、自然と様々なチャレンジが増えることになります。おかげでチャンスの量も多くなり、自然と幸運につながっていくのです。こないだまでサッカー観戦に熱中していたのに、今日はスケートファンになっている……。そんな節操がない人は、意外と幸運度が高い可能性があります。

ただし、ここで注意して欲しいのは、本当に開放性が高い人と「みんなやってるから」という理由で流行に飛びつく人の違いです。

周囲の流行に流される人は、たんに集団にまぎれる安心感を得たいだけ。世間の流行にしか興味を持たないため、特に人生のチャンスは増えません。

一方で本当に開放性が高い人は、新しいものなら手当たり次第に飛びつきます。世間の流行だけでなく、風変わりなガジェット、着こなすのが難しそうな民族衣装、思わず眉をひそめそうなゲテモノ料理など、目新しければなんでも試したくなるような人こそが、真の開放性の持ち主です。

2つの区別をつけて、幸運を呼ぶ人を正しく見抜いてください。

6「口だけの人」を見抜く

どんな世界にも口だけの人は存在します。なんの裏付けもなく「俺に任せてよ」と言ってみたり、「明日までに企画書やっておきます」と言ったのに平気で1週間も待たせたりと、こんな人が仲間だったらあなたの足も引っ張られてしまうでしょう。

そんな人は簡単に見抜けると思うかもしれませんが、意外と口だけの人を判断するのは難しいものです。先にも書いたとおり、私たちは自信満々な態度を取る人に弱い生き物。それまでに何度も裏切られてきても、またドヤ顔で攻めてこられたら、心のどこかで「もしかしたら次はいけるかも……」と思ってしまう性質があります。

口だけで能力がない人を見抜いておかないと、自分の人生を守り切れません。口先だけの人間にありがちな特徴を見ていきましょう。

スピリチュアリティで見抜く

本当は能力が低い人を見抜くポイントになるのは、第一に「その人がスピリチュアルを好きかどうか？」です。占い、霊視、前世、パワーストーン、パワースポットなど、いかにも怪しげなものにハマりやすいかどうかで、その人の能力はある程度つかめてしまいます。

イギリスのウォータールー大学が、かつてこんな実験を行いました。800人の被験者に「本当の名言」と「スピリチュアル系の迷言」の2つを見せて、両者の区別がつくかどうかを確認させたのです。

実験で使われた名言は、次のようなものでした。

・本当の名言：「川の流れは、自らの力によって岩を砕くのではない。たゆまぬ忍耐によって、岩を砕くのだ」など
・スピリチュアル系の迷言：「自然とは自動調節される覚醒のエコシステムである」「『存在』とは、信念の御者である」など

本当の名言にはわかりやすい比喩と論理性があるのに対し、スピリチュアル系は難しい雰囲気をかもし出すだけで実質がありません。

「こんなのにダマされる人がいるの？」と思った方も多いかもしれませんが、現実はそうではありませんでした。被験者の27％は両者の区別がつけられず、スピリチュアル系の迷言を高く評価した人ほど知能テストの成績が低かったのです。

また、迷言にダマされた人たちは陰謀論を信じる傾向が強く、さらには代替療法のような偽医学にも手を出しやすいこともわかりました。これらのフェイクを信じている人は、知性が低い可能性が高くなります。

その人が口先だけの人間かどうかを見抜きたいときは、「占いは好き？」や「前世とか信じる？」などと聞いてみるといいでしょう。

フェイクニュースで見抜く

フェイクニュースは、事実ではないデタラメな情報の総称です。「あの芸能人が不倫している」や「震災でライオンが逃げ出した」など、近年ではますます真偽の怪しいニュースが増えてきました。

このような誤情報への態度を見ても、その人の能力は推し量ることができます。

もちろん、フェイクニュースに騙されたからといって、必ずしも能力が低いわけではありません。情報が複雑化した現代では、どれだけ知性が高い人でも誤情報にまどわされることはありえます。

しかし、ここで大事なのは、そのニュースがデタラメだとわかった後に、どのような態度をとるかです。

ある研究では、390人の被験者に、盗難事件のニュースを読むように指示。その後で「あのニュースは実験のために作ったフェイクだった」と伝えたところ、被験者のあいだに興味深い違いが現れました。認知テストで点数が低かった人は、ニュースがデタラメだと知らされた後でもなお、犯人とされた人物に悪い印象を持ち続けたのです。


このような現象は現実でもおなじみでしょう。「犯罪を犯したことがある」といった噂を立てられた芸能人は、それがデマだと判明した後でも、なんとなく世間的にはネガティブなイメージがつきまとうものです。

ここでもし認知能力が高ければ、情報がフェイクだとわかってからは、柔軟に態度を変えることができます。ところが認知能力が低いと、嘘だと気づいた後でも延々と最初のイメージを引きずってしまうわけです。

すでにフェイクが確定した情報に対して、それでも「なんか信用できない……」と言い続けるような人は危険信号です。

自己啓発が好きかどうかで見抜く

ここからは、パッと見は自信満々なのに、実はメンタルが打たれ弱いタイプの特徴も見ていきましょう。

まずありがちなのが、「**自己啓発書が好き**」という特徴です。

ビジネス書ばかり読んで行動に移さないような人は多いものですが、自己啓発ファンの問題はそ

れだけはありません。ハウツー本やビジネス書を好む人は、メンタルが打たれ弱い傾向があります。

モントリオール大学の実験によれば、年に4冊以上の自己啓発書を読む人はストレスに弱く、ちょっとしたトラブルでも不安になり、うつ症状が出やすい性質を持っていました。他方で、その人の性格や収入などは、自己啓発書を好きになるかどうかとは関係がなかったそうです。つまり、メンタルが弱い人ほど自己啓発書にハマりやすいことになります。

ここでいう「自己啓発書」の定義は、「科学的な情報にもとづかずに、様々な問題へのアドバイスを与える本」です。個人の体験だけで「早起きすれば成功する！」や「クヨクヨしなければ人生がうまくいく！」などと語るような本は、すべて当てはまります。

相手の打たれ強さを見極めたかったら、試しに「いつもどんな本を読んでいるの？」

と質問してみてください。自己啓発書の名前がスラスラ出てくるようであれば、その人はメンタルが弱い可能性があります。

言葉づかいで見抜く

メンタルが弱い人は、言葉づかいにも違いが出ます。

イギリスのレディング大学が行った研究では、ネットから集めた大量のブログや掲示板の書き込みをコンピューター分析にかけ、「うつや不安になりやすい人はどんな言葉を使うのか？」を特定しました。

そこで明らかになったのは、以下のようなポイントです。

・一人称の量が多い

不安になりやすい人は、「**私**」「**俺は**」「**私自身は**」といった一人称を使う量が増えていました。一方で、「彼」や「彼ら」のような三人称を使うケースが少ない傾向もあります。

・断言が多い

「いつも」「つねに」「絶対」「間違いない」など、物事を言い切るフレーズが多い場合も、不安傾向は高くなります。データによれば、メンタルが強い人に比べて、不安症の人は1・5倍、うつ症状の人は1・8倍も断言調を使っていました。

これらの要素の中で、もっともメンタルの弱さと結びついていたのは**「断言調の言葉づかい」**です。

前提として、メンタルを病みやすい人は、物事を「白か黒か?」の二択でしかとらえないケースが多く、そのせいで現実の変化にうまく適応できない性質があります。おかげで日常的な不満がたまっていき、やがてメンタルに悪影響が出てしまうのです。「断言調の言葉」は、このような考え方のくせが表面に出てきたのでしょう。

もともと自信がない人ほど強い言葉を使いやすいものですが、その裏は不安でいっぱいの可能性があります。**「絶対に間違いない！」「１００％確実！」といったフレーズを連発する人がいたら気をつけましょう。**

7 「嫌われる人」を見抜く

最後は、他人から嫌われやすい人を見抜くポイントです。

他人から嫌われがちな人は、本人は気づかぬうちに周囲からうとまれてしまうもの。そのような人の近くにい続ければ、いつかはあなたもトラブルに巻き込まれてしまいかねません。

もちろん、根っこから嫌な性格の人ならすぐに見抜けるでしょうが、ここで問題にするのは、決して悪い人ではないのになぜか嫌われてしまうタイプです。

どう見ても悪気がないのに、なぜか周囲への印象が良くない。そんな人には、誰にでも心当たりがあるでしょう。

嫌われやすい人に巻き込まれないように、次に紹介するポイントを押さえて予防線を張っておきましょう。

嫌われやすい言動で見抜く

悪気がないのに嫌われる人には、一定のパターンがあります。結論から言えば、他人に好かれようとしてやっていることが、すべて裏目に出ているのです。「良かれと思ってやったのに……」というやつですね。

心理学の世界では、なぜか印象が良くない人が取りがちな行動を、大きく次の4つに分けています。

1．バックハンドコンプリメント

いわゆる「**慇懃《いんぎん》無礼な表現**」のことです。

「英語がお上手ですね！　ネイティブ以上じゃないですか！」などと必要以上にこちらを持ち上げてきたり、「御社にご協力をいただいて頑張らせていただいております」

のように過剰な敬語を使ってみたりするのが定番のパターンで、本人は善意だったとしても皮肉にしか響きません。

さらに、無意識にやってしまう人が多いのが、「バイトなのに仕事ができるね！」や「女だてらに頑張るね」といったパターン。こちらもバックハンドコンプリメントの一種で、いくらほめたつもりでも、言われたほうにとっては権力関係の強調にしかなっていません。

この手の表現を使うと、相手の中には「この人は社会的な地位を気にしてるんだな」という印象が生まれます。その結果として、洗練されていない人物のように思われてしまうわけです。

2. ハンブルブラッギング

こちらは「**謙遜を装った自慢**」を意味します。インスタグラムの自撮りに「スッピンだからブサイクなの」と自虐コメントを付けたり、何気ない日常の風景にブランド品が写り込んだ写真をアップしたり、SNSの隆盛とともに見かけるケースが増えてきました。

本人は直接的な自慢を避けたくてやったのでしょうが、多くの研究では、ハンブルブラッギングをするぐらいなら、ストレートにアピールしたほうが良いとの結果が出ています。**間接的な自慢が多い人には要注意です。**

3．ヒポクラシー

「言っていることとやっていることが違う人」のことです。「やる気があります」と言っているのに遅刻ばかりする人、「あの人は嫌いだ」と言っていたのに、その人と付き合い続ける人など、どこでも見かけるパターンでしょう。

このタイプの人は、単にセルフコントロール能力に欠けているだけのケースが多く、決して悪意はありません。しかし、**私たちは言葉と行動が違う人を見ると脳が混乱し、その相手を嫌うようにできています。注意してください。**

4. ハブリス

「比較を使った自慢」を指します。「俺のほうがうまくやれるのになぁ」と大げさに嘆いてみたり、「もっと地位のある男と付き合わないと」などと暗に自分のポジションを自慢してきたりと、他人との比較でひそかに自分を持ち上げるタイプです。

いかにも嫌らしい言い回しですが、表面上はアドバイスのふりをして行われるため、意外なほど自分では気づけないケースが多いもの。**他人の自慢に注意するのはもちろん、普段から自分が使っていないかも意識してみてください。**

嫌われやすい顔で見抜く

人間は顔じゃないと言いつつも、ついつい見た目に左右されてしまう生き物です。有能そうな顔の人ほど他人からの支持を集めやすく、ＣＥＯや政治家になる確率が高いのは先にも見たとおりです。

そして、残念ながら「他人から嫌われやすい顔立ち」を持つ人も必ず一定数が存在しています。

顔の印象について調べた過去の研究によれば、他人から信頼されにくい顔と信頼されやすい顔には、下のイラストのような違いがあります。

一見してわかるとおり、信頼されやすい顔は女性らしい顔立ちでフェミニンな印象。逆にはっきりしたアゴや眉のラインなどは、相手に信頼しづらい人のような印象を与えます。

多くの人が、相手の顔立ちだけで信頼性を判断するまでの時間は平均で2秒しかかかりません。まだ話してもいないのに、私たちは一瞬のうちに

信頼されにくい顔

信頼されやすい顔

相手を「この人は信頼できる」と値踏みしています。

どれだけ頭では「顔と性格は関係ない」と考えていても、すべての判断は無意識のうちに行われるため、いったん「この人は信頼がおけない」と思ったら覆すのは至難の技です。

同じように「冷たい人」という印象を与えるのが、下の図のような顔です。温かい顔は少し目が大きく口角が上がっているのに対して、冷たい顔は目の縦幅が狭いため不機嫌そうに思われてしまいます。

非常に微妙な違いですが、これだけでも他人への印象は大きく変わります。事実、ある研究では、

ほぼ100％が左のような顔を「嫌な性格だ」と思い込み、その印象は実験が終わっても変わりませんでした。

生まれつきの顔で嫌われてしまうのは不公平ですが、まぎれもない人生の現実でもあります。**嫌われやすそうな人を判断するモノサシとしては、やはり有効でしょう。**

子供時代の話で見抜く

顔や言動に加えて、「嫌われやすさ」に大きな影響を与える要素がもうひとつあります。子供のころにどのように育ったかです。

ノースカロライナ大学の心理学者ミッチェル・プリンスタイン博士は、数十年にわたって「好かれやすい人は何が違うのか？」を調べ続け、子供時代の環境が大きく関わっているという事実を突き止めました。博士が見つけた「嫌われやすい人」の特徴とは、大きく次の2つです。

・母親の子供時代が反抗的だった

相手の好かれやすさを判断したい状況になったら、「あなたのお母さんが子供だったころに、どんな性格だったか知ってる?」と聞いてみましょう。ここで「反抗的な子供だったらしいよ」などの答えが返ってきたら、その人は他人から嫌われやすい可能性が高くなります。

博士によれば、子供のころに反抗的な性格だった女性は、母親になっても我が子の人間関係を重視しない傾向があります。そのせいで、子供は必要なソーシャルスキルを学べず、大人になっても他人とうまくやりづらくなるのです。

逆に、母親が幸福な子供だった場合はもちろん、母親が不安で孤独な子供だった場合も、その人の「嫌われ度」は平均かそれ以下になります。どちらの母親も、我が子を他人と遊ばせるように仕向ける傾向があるからです。

・両親が過保護だった

「子供のころにどんな育てられ方をしたの？」と尋ねてみて、相手が「両親が過保護だった」と答えてきたら、これも危険サインのひとつです。

理由は先ほどと同じで、過保護な育て方のせいで子供のソーシャルスキルが発達しにくくなるからです。親から「どんな友人と付き合ってるんだ？」と詮索されたり、「あんな子と遊んではいけません」と言われるような環境では、うまくコミュニケーションの能力が育つはずもありません。その結果、やはり「嫌われ度」は上がってしまうわけです。

第3章

性格を見抜く3つの方法論

◉相手の本性を一瞬で見破る

〈性格を見抜く大事なポイント〉

他人の性格を見抜きたい人は多いでしょう。

仕事相手や恋人の本性がわかれば、向こうの行動を予想しやすくなります。そうなれば、とっつきにくい上司、行動が読めない同僚、なかなか振り向いてくれない異性などに振り回されることもありません。

しかも、第1章でもお伝えしたとおり、私たちの脳内には、人類の進化の過程で装備された天然の「性格センサー」が備わっています。ちょっとしたコツさえつかめば、あなたは自分の能力を活かせるようになるのです。

事実、ここ数年は人間の性格についての研究が進み、「性格を見抜くためのちょっとしたコツ」がいくつも提案されています。大事なポイントさえ押さえておけば、他人のパーソナリティをつかむのは難しい作業ではありません。

さっそく紹介しましょう。

【相手の好みでパッと見抜く】

SNSのプロフィール写真で見抜く

まず最初に、相手の外見や好みから、その人の性格を判断するためのポイントを見ていきましょう。

第一に、もっとも手軽でわかりやすいのはプロフィール写真です。SNSなどに掲載される本人の画像には、当人のパーソナリティが色濃く反映されます。

カーネギー大学の研究では、ツイッターやインスタグラムから6万6千人分のプロフィール画像を集め、それぞれのユーザーとの性格を比べる調査が行われました。そこで浮かび上がったのは以下のような事実です。

1　自然で明るい写真

あまり加工をしておらず、カラフルで明るい写真を使う人は、真面目で誠実な傾向がありました。近年の心理学では、人生の成功に必要な要素として「誠実さ」を最重視しており、このタイプの写真をアップしている場合は、未来の収入や出世の確率も上がります。

また、誠実さが高い人は、自分の喜怒哀楽を写真で表現しがちな傾向も確認されました。快晴の写真を上げて「いい気分！」とコメントしたり、通勤中の電車の写真に「なんかダルい……」と書き込んだり、このような投稿が多いタイムラインは、誠実さを反映している可能性があります。

2　シャープな写真

画像のコントラストが強い写真を使う人は、新しい経験や挑戦が好きな傾向があります。好奇心が旺盛で日常的にサプライズを求めるタイプです。

この他にも、他人とは違う角度から撮った写真や、フレームに顔を大写しにした自撮り画像などを好む人も同じような性格だと考えられます。パッと見でアーティスティックな印象の写真を使うのが、このタイプの特徴です。

3　グループ写真

個人ではなくグループの中にいる写真を使うのは、社交性が高い人に多い特徴です。コミュニケーション能力が高くて友人が多い一方で、ちょっと鈍感だったり、リスクが高いギャンブルや投資に手を出しやすい人かもしれません。

その他には、カラフルな色調の写真を好み、真正面からカメラを見つめて映り込む特徴もあります。

4　色合いが少ない写真

色合いが少なくて、背景に何もないシンプルな写真を使いがちな人には、神経症の可能性があります。メンタルが打たれ弱く、ちょっとしたことでも不安になってしまうような、いわゆるガラスのハートの持ち主です。

このタイプは、他にも写真に余白を多く作り、自分の顔を手やオブジェなどで隠す傾向があります。

5　こだわりがなさそうな写真

ごく日常的なスナップショットを使っている人は、優しい性格でみんなに合わせる傾向があります。ボランティア精神が旺盛な愛されキャラですが、他人にダマされやすいかもしれません。

基本的に写真のクオリティにはこだわらないものの、その表情だけは、とてもいきいきしていることが多いです。

音楽の好みで見抜く

性格によって音楽の好みが分かれるのは誰にでも想像がつくでしょう。ケンブリッジ大学が若者を対象に行った調査でも、音楽の好みとパーソナリティには、明確な関係があることが明らかになっています。

確実に音楽の好みと性格が対応しているわけではありませんが、パーソナリティの方向性を見極めるぐらいなら十分役に立つはずです。具体的には、音楽のジャンルごとに以下のような傾向がありました。

- **ブルース**：自尊心が高い、クリエイティブ、外向的、温厚、気さく
- **ジャズ**：自尊心が高い、クリエイティブ、外向的、気さく
- **クラシック**：自尊心が高い、クリエイティブ、内向的、温厚、気さく
- **ラップ**：自尊心が高い、外向的

・**オペラ**：自尊心が高い、クリエイティブ、温厚
・**カントリー**：勤勉、外向的
・**レゲエ**：自尊心が高い、クリエイティブ、外向的、温厚、気さく、怠け者
・**ダンス**：クリエイティブ、外向的、クール
・**インディーズ**：自尊心が高い、クリエイティブ、クール、怠け者
・**ロック・ヘビメタ**：自尊心が低い、クリエイティブ、内向的、怠け者、温厚、気さく
・**ポップ**：自尊心が高い、勤勉、外向的、温厚、クリエイティブではない、気難しい

コーヒーの好みで見抜く

人間の性格はコーヒーの好みにも影響します。こちらも高い相関ではありませんが、

大まかな性格の傾向を推測する役には立つでしょう。

次に紹介するのは、臨床心理学者のラマニ・ダーバスラ博士が、コーヒー愛好家に対して行った調査結果です。コーヒーの好みとそれぞれのパーソナリティには、大まかにこんな関係がありました。

・ブラックコーヒー

保守的／純粋なものが好き／ものごとをシンプルに考える／忍耐強い／効率的／気分屋／ぶっきらぼうで上から目線／自分のやり方に固執する／変化に抵抗する

・カフェラテ

快楽主義者／お人好し／開けっぴろげ／人生の苦しみを減らそうとする／時間に寛容／無理をしても人を助けようとする／責任を負いすぎる／自分を犠牲にしすぎる

・フローズンコーヒー、ブレンドコーヒー

新しいものが好き／社交的／流行に敏感／子供の心を持っている／自発的／創造性が高い／安易な解決策に飛びつく／健康に興味がない／無謀な選択をしがち

・カフェインレス、ソイラテ、またはその他の特殊なコーヒー

自立していたい／わがままと言われがち／偏執的な面がある／完璧主義者／健康や体調に敏感／健康に注意する／健康的な選択をする／ルールや秩序にこだわりすぎる／傷つきやすい／不安症

・インスタントコーヒー

伝統的な方法にこだわる／のんびり屋／物事を先延ばしにしがち／人生を気楽に考

える／細部にこだわらない／のんびりしすぎ／大事なことも先送りにしがち／計画が苦手

シューズの好みで見抜く

「靴」もまた、性格の違いが現れやすいポイントです。

カンザス大学の実験では、被験者に何種類かのシューズの写真を見せて、「この靴の持ち主の性格を当ててみてください」と指示を出しました。すると、直感だけで推測したにもかかわらず、大半の人は30～40％の確率で持ち主のパーソナリティを言い当てたのです。

実験の結果を紹介するので、こちらも大まかな性格判断の目安にしてください。

・安くて実用的な靴を好む人は、周囲と争わない協調性タイプ
・つま先が尖ったようなブランド品を好む人は、協調性が低いがカリスマ性は高い

・真新しくてきれいな靴をつねに履く人は、他人から愛され賞賛されたい願望が強い
・履き古した靴やハイトップのスニーカーを選ぶ人は、社交性が高く友人も多い
・ハイトップの靴を好む人は、まじめで誠実さのレベルが高い

体臭で見抜く

意外なことに、その人の体臭を嗅ぐだけでも、ある程度の性格はつかめてしまいます。ポーランドで行われた実験によれば、見知らぬ人が着たTシャツの匂いを被験者に嗅いでもらったところ、多くの人は、体臭の違いをもとに以下の3パターンのパーソナリティを見抜くことができました。

1　社交的な性格かどうか？
2　神経質で不安になりやすいかどうか？
3　高慢な態度のオラオラ系かどうか？

体臭で性格がわかるのは、私たちの気質がホルモンのバランスに影響されているからです。なかでも影響力が強いのは「テストステロン」という男性ホルモンで、人間の攻撃性や社交性を左右しています。

テストステロンには独特の香りがあり、汗臭いような甘い花のような、なんとも言えない香気を放ちます。多くの人は、気づかぬうちにこの匂いを嗅ぎとり、反射的に相手のホルモンレベルを判断しているわけです。

いきなり相手のTシャツに鼻を押し付けるわけにはいかないでしょうが、汗ばむ季節などにふと漂う体臭を手がかりにすれば問題ありません。**臭いから直感的に判断してみてください。**

【行動と外見から見抜く】

写真のポーズで見抜く

「スナップジャッジメント」の精度をより高めるために、ここからは相手の行動をもとに性格を推定する方法を紹介しましょう。やや手間はかかりますが、たんに相手の好みだけで判断するよりも、確実に正確性は上がります。

最初におすすめなのが、**相手にカメラを向けて「好きな表情とポーズをしてみて」と切り出すテクニックです。**

写真を撮ったら、後はその画像を見ながら「この人はどんな性格だろう?」と直感で考えてみるだけ。あくまで写真から伝わるインスピレーションをもとに判断するだけで、相手のパーソナリティは判断できます。

「それだけ？」と思われたかもしれませんが、これは実際にケンブリッジ大学などが効果を確認した技術です。実験では、その人の好きなポーズと表情で写った画像からは、5つの性格タイプを見抜くことができました。

・優しい性格でまわりと協調するかどうか？
・感情が安定していて、すぐにイライラしないかどうか？
・好奇心が旺盛なタイプかどうか？
・他人から好かれやすいかどうか？
・自分に自信がありそうかどうか？

研究者によれば、私たちは他人の表情や姿勢、ファッションなどから、無意識のうちに相手のパー

ソナリティを見抜いているとのこと。**このテクニックを使うときは、相手の写真を見ながら、「この人は自信がありそうだろうか？」などと自分に問いかけてみてください。**より直感がうまく働き、判断の精度も高くなります。

痛い話をして見抜く

痛そうな話をして相手の反応を見てみるのも良い方法です。

具体的には、「大根をおろしてたら指まで擦っちゃった」「ガラスの破片を思い切り踏んじゃって」「料理中に親指をそいじゃったんだ」など、日常で起きる痛そうな体験を話して、向こうの反応をうかがってみましょう。

ここで、相手が反射的に「うわっ」と顔をしかめたら、その人は温かい性格。口では「大変だったね」などと言いつつも、表情がそれほど変わらなければ、冷たい性格の可能性が高くなります。

というのも、人間の頭の中では、肉体の痛みも心の痛みも、ともに同じ苦痛として処理されています。そのため、痛い話への反応が薄い人は、他人の心の動きを感じ取るのが下手だと判断できるのです。

自己紹介で見抜く

もし性格を知りたい相手が「自分を紹介するシーン」を見る機会があった場合は、これも性格判断に使うことができます。人間が自分を説明する場面には、その人が「向社会的な性格かどうか？」が反映されるからです。

「向社会的」は心理学の用語で、なんの見返りも期待せずに他人や社会を助けようとする性質を意味します。自分をかえりみずに他人のために尽く

す、ある意味で聖人のような人物です。

ドイツのケルン大学が行った実験では、見知らぬ男女の自己紹介の動画を見た被験者は、たったの20秒だけでその人が向社会的な人間かを正確に判定。動画の中の人物について「ボランティア団体に寄付を行うような人物だと思うか？」と質問した場合は、なんと91％もの人が正解を導き出しました。

このデータでも、やはり大事なのはあなたの「直感」です。**自己紹介を見て自分がどんな印象を持ったかをボンヤリと考えてみれば、それだけで相手が善人なのかを的確に判断できてしまいます。**

口ぐせで見抜く

近年の犯罪心理学の研究により、私たちの「口ぐせ」には、その人が腹黒い性格かどうかが反映される事実が明らかになってきました。

もっとも危険性が高いのは、「みたいな」や「かもしれない」をよく使う人です。犯罪学の統計データによれば、他人の好意を利用しようと企む人間は、この手のフワッとした言葉をよく使います。断言を避けて立場をぼかすことで、自分に役立ちそうな相手に近づく準備をしている可能性があります。

逆に、裏表がないパーソナリティの人は「なるほど」や「確かに」などの相づちをよく使います。こちらも統計データにより、おおらかな性格で腹に一物がない人ほど使う頻度が高いとの結果が出ているのです。

もっとも、ストレスや不安に弱い人も断言を避ける傾向があるため、言葉をぼかしたからと言って、いちがいに腹黒い性格だとは言えません。**いかにも自信がありそうな人が言葉をボカした場合は、腹黒い可能性が高いと考えられます。**

目の虹彩で見抜く

「目は心の窓」などと言いますが、スウェーデンで行われた研究によれば、人間の目には、本当にその人の性格が映し出されます。

が、第1章でも述べたとおり、視線やまぶたの動きなどでは相手を読むことはできません。いったい人間の性格は目のどこに現れるのでしょうか？

その答えは、「目の虹彩」です。

虹彩は瞳孔と白目のあいだにある少し色の薄いエリアのこと。

この部分、実は人によってパターンが異なり、その模様は性格によって変わるのです。

下は、実際の研究で使われた写真を、イラストにしたものです。

右のように虹彩の濃淡がはっきりわかる人ほど衝動的なキャラクター。逆に左のように虹彩の模様がわかりにくい場合は、温厚な気質の可能性が

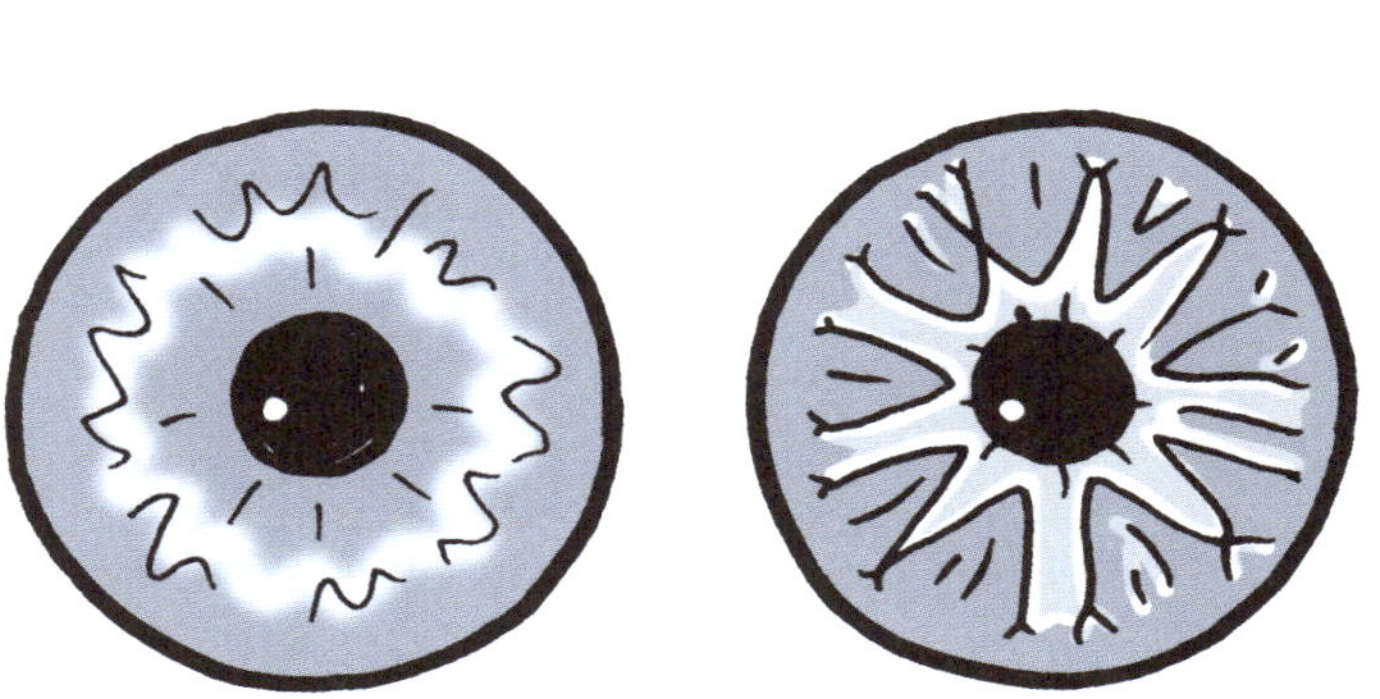

高くなります。

虹彩の模様がわかるまで相手に近づくのは苦労しますが、チャンスがあればチェックしてみてください。

【さらに性格を深掘りするには？】

他人の性格を見抜くたった1つの質問

相手の性格を見抜くには、〝ある質問〟をぶつけてみるのも手軽で効果的です。

その質問とは、ズバリ「あの人のことをどう思いますか？」というもの。共通の友人、有名な芸能人、歴史上の人物など、評価してもらう対象は誰でも構いません。とにかく、特定の第三者への印象を尋ねるだけで、相手の性格がかなりの精度で見抜けます。

これはアメリカのウェイクフォレスト大学が効果を確認したテクニックで、相手の回答は次のように判断します。

- **他人にポジティブな印象を持ちやすい人は、その人自身がポジティブな性格**
- **他人にネガティブな印象を持ちやすい人は、その人自身がネガティブな性格**

ウェイクフォレスト大学によれば、他人をポジティブに評価する人は、他人からも同じような良い評価を受けやすく、その結果は1年後の再テストでも変わりませんでした。すなわち、もし相手が「あの人は優しいね」と答えれば、その人も優しい性格である可能性が高いわけです。

逆もまた然りで、相手から「あの人は嘘つきだね」といった答えが返ってきたら、その人も嘘つきである可能性が大。同じように、他人を「メンタルが不安定だね」などと評価した場合も、その人自身が神経質な傾向があります。人間とは、無意識のうちに自分の本性を他人に反映させてしまう生き物なのです。

さらに、相手の答えによって、次のようなこともわかります。

- **他人を「おもしろくて幸せそう」と判断する人は人生の満足度が高い**
- **他人を「マジメで感情が安定している」と判断する人ほど他人に優しい**
- **他人を「マジメで誠実」と判断する人ほど社交的な性格を持っている**
- **他人を「知的好奇心がない」と判断する人ほど頭が悪い**
- **他人を「コミュ障でいけ好かないやつ」と判断する人ほどナルシスト傾向が強い**

当たり前ですが、この質問を1回使っただけで相手を判断するのは危険です。**より正確性を求めるなら、共通の知人や芸能人など、いろいろと対象を変えて何度か質問をくり返してみてください。**その人の全体的な傾向がより見えやすくなるはずです。

酒の席で見抜く

相手の本性を見極めたいなら、アルコールの力を借りるのも有効です。「酒を飲むと人格が変わる」などと言う人は多いですが、実際には、アルコールに酔ったときにこそ、その人の真の人格は現れます。

ある実験では、被験者に度数の高いウォッカを飲ませた後で、簡単なゲームをプレイするように指示。酒を飲む前と後で性格に違いが出るかどうかを調べたところ、アルコールで極端にキャラが変わった人はゼロで、実際にはどの被験者も、彼らがもとから持つパーソナリティを強調したような行動を取っていました。酒を飲む前から陽気な人はより明るくなり、グチが多い人はさらにグチが多くなったわけです。

この現象は、アルコールによって脳の理性をつかさどるエリアがマヒを起こし、より本性が強調されるせいで起きます。決して酒で性格が変わったわけではなく、逆にアルコールのおかげで「真の性格」があぶり出されたと言えるでしょう。

つまり、酒の席で見せる態度は、その人の本当の人格を反映しています。**アルコールで急に態度が悪くなるような人には注意してください。**

SNSの投稿で見抜く

もうひとつ真の性格を見極めるために役立つのが、フェイスブックやツイッターといったSNSの投稿です。

一般的には「SNSではみんな理想の自分しか見せない」と思われがちですが、事実はまったくの逆。それどころか近年の研究では、SNSにこそ真の人間性が露わになることがわかってきたのです。

例えばドイツで行われた調査では、学生の性格を心理テストで測った後に全員のSNSをチェックしたところ、大半の人は自分のタイムラインに本当のパーソナリティに近い人格を表現していました。現実では、みんなＳＮＳに本性を出していたのです。

つまり、私たちが誰かのタイムラインを見て「この人は優しそう」と思えば、実際にその人は優しいパーソナリティである可能性が高く、「攻撃的だな」という印象を持った場合は、その人は本当にサディスティックな性格だと考えられます。ＳＮＳを見れば、おおよその傾向はつかめるでしょう。

また、フェイスブックユーザーを対象にした別の研究では、被験者の投稿を調べたうえで、性格テストとの比較を行っています。その結果、書き込みの内容と個人のパーソナリティには、次の関係性がありました。

・エクササイズ、食事、自分の業績などの投稿が多い人はナルシストの傾向が強い

・現在の恋人に関する投稿が多い人は、自分に自信がない傾向が強い

・自分の子供に関する投稿が多い人は、真面目で誠実な可能性が高い
・日々の平凡な暮らしや行動に関する投稿が多い人は、社交的な性格である傾向が強い
・知的な話題に関するポストやニュースのシェアが多い人は、好奇心が高い傾向が強い

これらの特徴も合わせたうえでＳＮＳの投稿をチェックすると、性格判断の成功率が高くなるでしょう。

第 4 章

ウソを見抜く4つの戦略

◉他人の嘘はここでわかる

〈「嘘を見抜く方法」は本当に有効？〉

世間には「嘘を見抜く方法」があふれています。書店やネットを少し探せば、「他人の嘘は目で見抜け」や「人間は嘘をつくと声色が変わる」などのアドバイスがいくらでも見つかるでしょう。

代表的なのは相手の行動に注目する方法で、「やましいことがある人は無意識に髪の毛に手をやる」や「足を何度も組み替える」のように、不自然な動作に注意をうながすケースが多いようです。

しかし、これらのテクニックは本当に意味があるのでしょうか？

自分の行動を振り返ってみれば、嘘などついてないのになんだか不安で髪に手をやったり、ちょっとイライラして手足を組み替えてしまったような経験は誰にでもあるはず。それを無闇に嘘だと思われてはたまりません。事実、相手の表情や行動にはノイ

嘘を見抜く戦略

1 シミュレーション戦略

相手の身になって
考えてみる

→

2 言語フォーカス

「言葉づかい」から
見抜く

→

3 無意識を信じる

いろいろ考えるより
直感にしたがう

→

4 他人を無闇に信用する

人を信じる人は
嘘を見抜く能力が
高まりやすい

→

5 リードテクニック

最初から相手を
有罪だとみなした状態で
質問を行う

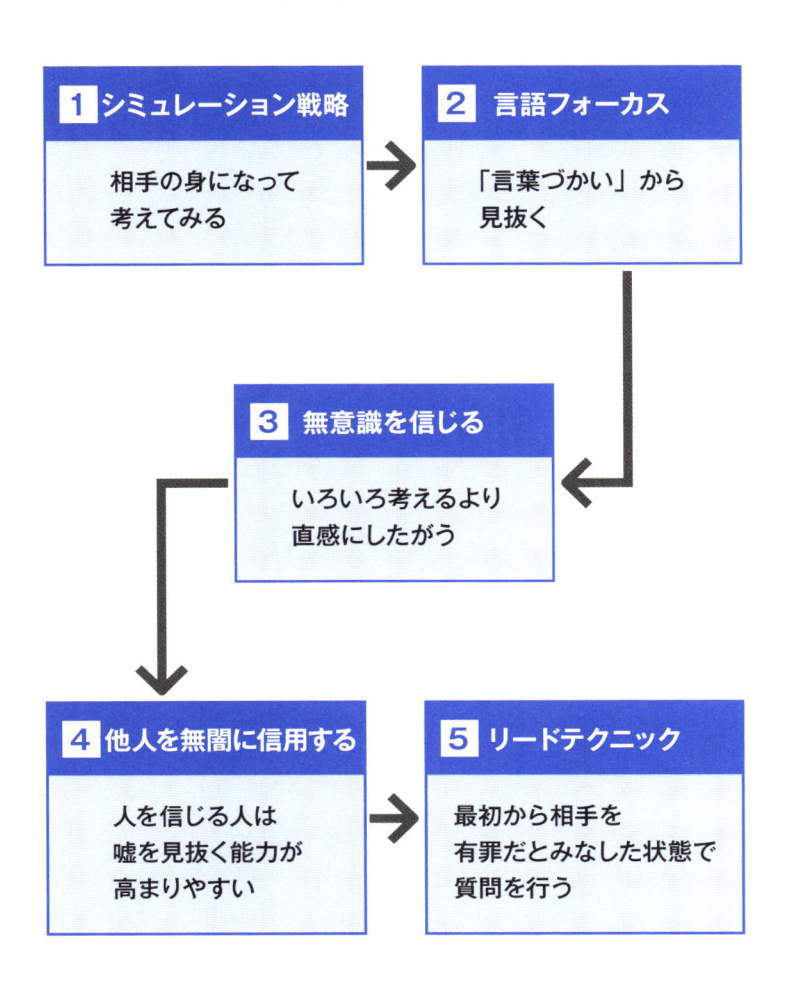

ズが多すぎて、判断の材料として使えないのは第1章でも説明したとおりです。が、まだ手はあります。相手の言葉やしぐさには頼らず、これからお伝えする5つの戦略を駆使すればいいのです。

もちろん、それでも他人の嘘を見抜くのは難しい作業ですが、慣れれば確実にあなたのスキルは上がるはず。ぜひ参考にしてください。

戦略1 シミュレーション戦略

ひとつめは「シミュレーション戦略」です。シカゴ大学が提唱するテクニックで、相手の嘘を見抜く最重要ポイントになります。

その要点を一言で言えば、「相手の身になって考えてみる」というものです。なんだか古臭い道徳の教えのようですが、実は他人の嘘を見抜くうえで、絶大なパワーを持っています。

シカゴ大学の実験では、様々な表情を浮かべた男女の写真を被験者に見せ、「この人たちの心を読んでみてください」と指示した後で2つの戦略を取るように誘導しました。

1　理論化戦略：写真の表情やボディランゲージをもとに心を読もうとする
2　シミュレーション戦略：「私が写真の人だったら何を思うだろう？」と想像する

結果は「シミュレーション戦略」の大勝利でした。どの被験者も、表情やしぐさに注目したときよりも、その人の身になって考えた被験者のほうが、およそ2倍近くも正確に心を読むことができたのです。

研究チームは、こうコメントしています。

「私たちは、『人間の顔には内面が表れる』という考え方を、驚くほど過剰に信じ込んでいる。そのわりに、相手の身になって考える方法の正確さを低く見積もりがちだ」

私たちは、相手の行動や外見から、他人を見抜こうとしてしまうバイアスを持っています。しかし、実際は他人の立場で考えてみたほうが、よほど相手の嘘を見抜くには有効なのです。

シミュレーション戦略のポイントは、「共感力」です。

正しくシミュレーションを行うためには、向こうの立場になって思考や感情を追体験していく必要があるため、相手の脳と自分の脳をシンクロさせなければなりません。そのためには、高い共感力が絶対に必要なのです。

共感力は生まれつきの能力のようなイメージがあるかもしれませんが、実際は後からトレーニングで育てることができます。その鍛え方については、第7章で詳しくお伝えしましょう。

とりあえず、あなたの共感力が育つまでは、**会話中に「いま相手の立場だったら何を考えるだろうか？」とイメージしてみてください。**相手の嘘を見抜く確率が格段にアップするはずです。

戦略2 言語フォーカス

続いて、「言語フォーカス」という戦略についてご説明しましょう。私たちが相手の表情やしぐさから嘘を見抜けないのは先述のとおりですが、ひとつだけ嘘をついている人に特有の変化が存在しています。

それは、「言葉づかい」です。人間の嘘は視線の変化や手足の動きではなく、話の内容や口調の変化に現れやすい性質を持っています。

カリフォルニア大学の心理学者エドワード・ガイゼルマン博士は、過去に行われた60件以上の実験データを調べ抜いたうえで、嘘をついている人に特有の話し方をリストアップしています。

・いつもより話が長くなる
・より細かい内容を語る

・質問に答える前に、その質問をくり返す
・話のテンポが速くなる
・ひとつのセンテンスの中で、話の抑揚が大げさに変わる
・「思う」や「かも」「だろう」などのあいまいな言葉づかいが増える
・「実は」や「正直いうと」といった前置きが増える
・「あの会社」や「あの人」のように、対象と距離を置くような言葉づかいが増える
・「私は」や「自分は」といった一人称が少なくなる
・「楽しい」や「興奮」のようにポジティブな単語が増える

全体的に言えば、嘘をついている人の話し方には、話題の内容から距離を取ろうとする傾向があります。嘘をつく罪悪感や事実がバレる不安から目をそらそうとして、ついつい話題から自分を引き離そうとしてしまうわけです。

しかしながら、もしその人が「楽しい」や「実は」などの言葉を使ったからといっ

て、即座に嘘だと判定できるわけではありません。このデータを実践に活かすときは、つね日頃から「その人が普段はどのようなしゃべり方をしているのか？」に気を配り、相手の情報を集めておく必要があります。

もし、いつもはまったく前置きをしない人なのに、急に「実はね……」などと言い出したら危険信号。嘘をついている可能性は格段に高くなります。

戦略3 無意識を信じる

3つめの戦略は「無意識を信じる」です。こちらはデンバー大学の実験で効果が確認された考え方で、いろいろ考えるよりも直感にしたがったほうが、結局は嘘を見抜く確率は上がる、というデータにもとづいています。

他人の嘘を見抜こうと思うと、多くの人は反射的に様々なことを考えてしまいます。「このあいだと言うことが違う気がする……」「いま変な笑い方をしたような……」など、会話の最中にもいろいろな思考が頭を駆けめぐり、かたときも脳は休まるヒマがありません。

ところが、これは嘘を見抜くうえでは完全にＮＧ。考えれば考えるほど思考の泥沼にはまり、何が正解なのかわからなくなってしまうからです。

デンバー大学の実験では、被験者に男女の会話シーンを収めた動画を何種類か見せた後、全員を以下の２つのグループに分けて「嘘をついている人は誰か？」を当ててもらいました。

① じっくりと動画を見て考えながら嘘つきを当てる
② 17秒だけ動画の人物を見て嘘つきを判断する

2番目のグループには、まったく考える間がありません。ほとんど無意識の状態で、瞬間的にジャッジを行ったわけです。

果たして、結果は2番目の勝利でした。無意識で判断を下した場合は、じっくり考えたときに比べて、約13%ほど正解率が高くなっていました。

ここからもわかるとおり、多くの人は、生まれながらに嘘を見抜く能力を持っています。

もしこの能力が備わっていなかったら、進化の過程で正直者は遺伝子を残せず、いまごろ世界中は嘘つきの天下になっていたでしょう。私たち人類は、生存のために「嘘をつく能力」と「嘘を見抜く能力」を同時に進化させてきたのです。

にもかかわらず、ここで意識が考えすぎてしまうと、せっかくのパワーが押さえつけられてしまい、嘘を見抜く能力は一気に低下します。この問題を防ぐためには、あれこれ思い悩むよりも、パッと見で無意識に任せてしまったほうがいいわけです。

ただし、そうは言っても、ついつい人間は考えすぎてしまう生き物でもあります。急に無意識に頼れと言われても、なかなかすぐには実行できないでしょう。

そこでおすすめしたいのが、あえて自分の脳に負担をかけて、会話中の考えすぎを防ぐテクニックです。具体的には、次のようなステップで行ってください。

①相手が嘘をついているかを知りたくなったら、頭の中で2ケタの掛け算をスタート
②計算をしながら、ボンヤリと相手の話に耳を傾ける
③そのまま話を聞きながら、相手の言葉が真実かどうかを判断する

わざと暗算で脳に負担をかけて処理スピードを落とし、無意識の活動をうながすように仕向けたわけです。

大事なのは、あくまで片手間の状態で向こうの話を聞くところ。自らが持つ天然の「嘘発見器」を活かすべく、ぜひ試してみてください。

戦略4 他人を無闇に信用する

「他人を無闇に信用する」のも、嘘を見抜くための戦略として有効です。

意外に思われた方も多いでしょう。相手の言葉が真実かどうかを知りたいのだから、徹底的に疑ってかかるのが普通のはず。そう考えるのが当然です。

しかし、科学の見解は逆を行きます。普通よりも嘘を見抜くのがうまい人ほど、実際には他人を簡単に信じてしまうものなのです。

学生を対象にしたある実験では、まず被験者に性格テストを行い、「疑り深い性格」と「人を信頼しやすい性格」の2つに分類。その後で全員に架空の就職面接シーンを収めたビデオを見てもらい、自分の経歴を偽っている人を見抜くように指示したところ、興味深い結果が出ました。他人をすぐに信じてしまう人のほうが、10〜20%も嘘つきを言い当てる確率が高かったのです。

なんとも意外な現象ですが、これには2つの理由があります。

第一に、人を信じる人は、嘘を見抜く能力が高まりやすいからです。

というのも、他人を信頼する人はコミュニケーションを楽しもうとする傾向があるため、会話にもおおらかな態度でのぞみ、自然と向こうの発言や動きに幅広い目くばりをするようになります。そのおかげで、普通なら見逃してしまいそうな相手の情報にも気づき、最終的には嘘を見抜く確率が高まるのです。

ところが、疑ぐり深い人たちは、「この人は何かを隠しているのではないか……」といった態度で会話にのぞむため、いつも頭が凝り固まった状態になっています。「いまの目つきはおかしかったぞ」や「さっきの言い方は変じゃなかったか?」などと、いかにも怪しそうな表情や行動にばかり意識が向くせいで、逆に向こうが発する重要な嘘のサインを見逃してしまうわけです。

第二に、嘘を見抜く能力が高くなるほど、どんどん人を疑わずに済むようになっていくのも大きな原因です。

嘘を見抜く能力が高くなれば、自分をダマそうとする人たちを、効率よく遠ざけることができます。いったんこうなれば、少しずつ周囲から嘘つきの数が減り、どんどんと自分がダマされる確率も下がっていくでしょう。

その結果、彼らの中には「意外と世間には嘘をつく人が少ない」といった気持ちが育まれ、さらに他人を信じるようになります。

逆に、嘘を見抜く能力が低いと、つねに「ダマされるのではないか……」といった警戒心を持ちながら他人と接しなければなりません。これがコミュニケーションに負のスパイラルを生み、ますます疑り深い性格になっていくのです。

つまり、「他人への信用」と「嘘を見抜く能力」は、お互いに影響を与え合っています。いったん人を信頼すれば、それが嘘を見抜く能力を高め、嘘を見抜く能力が高まれば、それが今度は他人への信頼を育てます。他人の嘘を見抜くには、こういった正のスパイラルに乗る必要があるのです。

幸いなことに、「他人への信頼感」は後から伸ばすことができます。先ほどの「シミュレーション戦略」で取り上げた「共感力」に近い能力なので、やはり第7章から紹介するトレーニングが効くからです。

他人の言葉が真実かどうかを判断したければ、まずは自分から相手のことを信用してみたほうが精度は高まります。この事実を忘れないでください。

戦略5 リードテクニック

どう考えても相手の言葉が怪しいのに、いまいち嘘なのか決め手に欠ける……。

そんな状況で使えるのが「リードテクニック」という技術。アメリカの警察やＦＢＩなどが、犯人から自白を引き出すために採用しているテクニックのひとつです。

「リードテクニック」は、実験で何度も高い効果が証明されています。例えば、ミシガン州立大学の実験では、被験者に金銭の取り引きがからんだゲームをプレイしてもらい、その際に、２人にだけ「自由にズルをしてお金を奪ってもいいですよ」と持ちかけました。

続いて、別の被験者が「嘘をついたプレイヤー」を見抜くために尋問を行ったのですが、普通に「あなたはズルをしましたか？」と尋ねるのではなく、ここで「リードテクニック」を使うように指示しました。

「リードテクニック」とは、最初から相手を有罪だとみなした状態で質問を行うテクニックのことです。この実験では、次のようなステップで尋問が行われました。

ステップ1　責任転嫁の促進

まずは、容疑者に「あなた以外にも悪い人はいる」と切り出し、容疑者が誰かに責任をなすりつけていくように仕向けます。例えば「あなたがズルを思いついたわけではないですよね。研究者に言われてやったことですから」といった具合です。

このステップにより、相手からいったん重荷が下りて、心にスキが生まれるようになります。

ステップ2　否定の否定

もし相手が「自分はやってない」と嘘をつきそうになったら、すかさず「いまは、こちらがしゃべってるので」や「それは後で聞きます」と言って否定をさえぎります。

ＦＢＩが行ったリサーチによれば、「自分はやってない」と容疑者が言う回数が増えるほど態度がかたくなになり、自白率が下がったそうです。できるだけ相手に否定の言葉を言わせないように注意してください。

ステップ3　犯行前提の質問

いよいよ相手の嘘に切り込んでいくステップです。

ここで大事なのは、あくまで相手が嘘をついているという前提で質問を行うこと。実験では、次のような表現で質問をしています。

「あなたはゲームの前からズルをする方法を考えていたのですか？　それとも、ゲームが始まってからズルの方法を思いついたのですか？」

この聞き方をすれば、容疑者はとっさに回答を思いつけず、心に大きな動揺が生まれます。これで相手が妙に動揺したならクロ確定。口では「ズルなんてしてないですよ」と言っても、全体的に不自然な態度が生まれます。

その効果は絶大で、実験データによれば、質問者が「リードテクニック」を使った場合には、嘘を見抜く確率が97％にまで上昇しました。さすがＦＢＩや警察が使うだけのことはあります。

どうにも怪しいのに嘘を認めない相手がいたら、ぜひ使ってみましょう。

番外編 バレない嘘をつく4つの方法

ここからは少し趣向を変えて、バレないように嘘をつく方法を紹介しましょう。

すでにお伝えしたとおり、人間は他人の嘘を見抜くのが苦手な生き物ですが、ちょっと手を加えるだけで、他人の目をさらに曇らせることができてしまいます。果たして、バレにくい嘘のつき方とは、いかなるものでしょうか？

1 普段から小さな嘘をつき続ける

嘘がバレにくい人たちは、「普段から小さな嘘を積み重ねている」という特徴を持っています。「昔は不良だった」や「禁煙に成功した」など、普段から細かな嘘をつき続けるのです。

何度も嘘をくり返すことで人を騙すのがうまくなるのはもちろん、小さな嘘には、人間の感覚をマヒさせる作用があります。小さな作り話を続けることで脳がじわじわと不感症になっていき、いざ大きな嘘をつくときも動揺せずに済むのです。

実際、普段から嘘をつき続ける人の脳をＭＲＩで調べてみた研究でも、あまり嘘をつかない人よりも扁桃体が活性しにくかったとのレポートが出ています。扁桃体は脳の不安や喜びなどの感情にかかわるエリアですから、要するに、嘘つきほど相手を騙しても心が動きにくいと解釈できます。

そのため、日常的に小さく嘘をついておくと、やがて人をダマしても動揺しないメンタルが成長。自信満々で嘘をつけるようになり、ますます作り話の説得力が増していくわけです。

2　とにかく素早くリアクションする

なぜか人よりも言葉に説得力を感じさせる人がいます。

後から思えばたいしたことは言ってなかったはずなのに、会話の最中は不思議と納得してしまう……。そんな人物を、誰もがひとりは思い出せるでしょう。

妙に説得力がある人たちは、いったい何が違うのでしょうか？

この問題について、かつてクイーンズランド大学がおもしろい実験をしています。研究チームは、学生たちにＩＱテストと性格検査を受けさせた後、全員に「宝石の名前をできるだけ挙げてください」といったクイズを出して、どれだけ頭の回転が速いかを計測しました。

その後、被験者の友人たちにインタビューを行い、普段からどれぐらい彼らの会話に説得力があるかを調べたそうです。

その結果、言葉の説得力を高めるポイントは、ＩＱの高さでも性格の良さでもありませんでした。もっとも大事なのは、なんと「会話の反応スピード」だったのです。

データによれば、相手の質問に対して素早くレスを返したり、普通の会話でもスピーディにあいづちを打ったりできる人ほど、他人から「あの人は説得力がある」や「カリスマ性が高い」と思われる傾向がありました。

この時、返事の内容が正しいかどうかや、的を射た返答をしたかどうかは、さほど問題ではありません。とにかく素早くリアクションを取れるかどうかが、説得力を上げるためのキーポイントだったのです。

つまり、デタラメな話を相手に納得させるには、普段の会話からスピーディな反応を心がけて自分の説得力を高めておくのが得策。そうすれば、いざ嘘をつくときにも信じてもらいやすくなります。

が、慣れないうちは即座にレスを返すのも難しいでしょうから、事前にいくつかの策を講じておくといいでしょう。

ひとつめの対策は、「バックトラッキング」です。

これは相手の言葉を少しだけ変えて返すテクニックで、例えば、向こうが「あの人は本当にムカつく」と言ってきたら「確かにイラっとするよね」と即座に反応し、「今日はいい天気ですね」と言われたら「雲がほとんどないですね」とすぐさま答えていきます。

ほとんどおうむ返しに近いため、これなら誰でも素早くレスポンスできるはず。ちょっと返事に困るような内容だったら、相手の言葉をそのままリピートしても構いません。つい口ごもってしまうよりは確実に有効です。

もうひとつの対策は、「頭出しチャンク」です。

これは、どんな会話にも使えそうな「定型文」をあらかじめ用意しておく手法で、難しい問いかけに対して使ってください。いくつか具体例を紹介しましょう。

・「その○○の定義はなんですか？」

ちょっと難しい質問がきたときに使えるチャンクです。とりあえず、質問に出てきた単語の定義を尋ねてみます。

・「それは問題の前提が間違ってないかな？」

こちらがとまどうような質問がきたら、その前提を尋ねて時間を稼ぐのもいい手です。

・**「争いは同じレベルの者同士でしか発生しないからね」**

相手からトラブルの相談をされた場面で使えるセリフです。

・**「どんな問題も、それが起きたときと同じレベルで考えてちゃ解決できないよ」**

アインシュタイン博士の名言です。こちらも、相手が難しい質問を振ってきたときに役立ちます。

・**「〇〇さんならなんて言うかな？」**

第三者に回答を丸投げしてしまう手法です。「〇〇」の中には上司を入れてもよし、相手が尊敬している人物を入れてもよし、歴史上の人物でもよし。説得力のある人物の名を引き合いに出せば、とりあえず良いことを言った雰囲気にはなります。

このように、**自分にしっくりくるようなチャンクを事前に10パターンぐらい用意しておくといいでしょう。なかでも、偉人の名言集などは汎用性の高いフレーズの宝庫なので、好きなものを選んで丸暗記しておくのがおすすめです。**

3 できるだけゆっくりしゃべる

バレにくい嘘をつきたいなら、スローテンポのしゃべりを心がけるのも有効です。先にも触れたとおり、人間の心の動きはしゃべり方に反映されやすく、嘘をついている人は話がハイスピードになる傾向があります。

ある研究によれば、わざと嘘をつくように命じられた被験者は、平均で11％ほど話のスピードが速くなったとか。話すうちに嘘をつく不安が大きくなり、その焦りが会話の速度を上げてしまうようです。

人間は会話のスピードの変化に敏感な生き物なので、相手の話し方がいつもよりテンポアップすれば、すぐに気づけるだけの能力を持っています。そのため、しゃべりのスピードは、相手の嘘を見抜くためのサインとして使えるのです。

逆に言えば、ゆっくり話すことを心がけるだけでも、話の信頼性を上げることができてしまいます。

その際のポイントは、自分の不安をやわらげるように意識すること。読書感想文を書くときのようなイメージで、頭の中で文章の区切りごとに句読点を打ち、そのたびに軽く一呼吸を入れていくと、リラックスしながらしゃべれるようになります。

それが難しいようであれば、知り合いの中で会話のテンポが遅い人をイメージし、その人のモノマネをするつもりで会話をしてみるのもいいでしょう。 やりすぎは禁物ですが、やはり自然にトークの速度を落とす効果があります。

4　おしっこを我慢する

最後にトリッキーなものをひとつ。「**おしっこを我慢しながら嘘をつく**」というテクニックも紹介しておきます。

カリフォルニア州立大学の実験では、被験者に架空のインタビューを受けさせ、全員にわざと嘘をつくように指示を出しました。このとき被験者は７００㎖の水を飲み、尿意をガマンしながら会話にのぞんだそうです。

インタビューの模様はビデオで撮影され、その動画を第三者が見て誰が嘘をついているかをチェックしました。その結果、事前に大量の水を飲んだ被験者ほど、嘘がバレにくくなる事実がわかったのです。

オシッコをガマンした被験者には嘘つきに特有の変化が現れず、言葉のペースも単語の選び方も一定のペースを保ったまま。あくまで堂々とした態度で嘘をつき続けたため、まさかでたらめを言ってるとは、誰も気づかなかったと言います。

オシッコのガマンで嘘がバレにくくなるのは、どちらも脳の「抑制機能」に関わる行動だからです。抑制機能は人間の衝動をコントロールするための能力で、誰もが生まれつき脳に備えています。

当たり前ですが、オシッコを我慢するためには、「漏れそうだ！」という衝動をコントロールする必要があります。同じように、うまく嘘をつくときにも衝動のコントロールが欠かせず、「バレないようにしなければ……」や「不安を隠さないと……」など、一度に様々な不安と戦わなければなりません。大量の情報をスムーズにあつかうには、抑制機能の働きが大事なポイントになっていくわけです。

ところが、嘘をつく前にオシッコをガマンすると、その直後から脳の抑制機能が活性化。この状態で作り話をすると、すでにスイッチがオンになった抑制機能をスムーズに使うことができ、結果として嘘がバレにくい話し方ができてしまいます。専門的には「抑制機能流出効果」と呼ばれる現象です。

ちなみに、このテクニックは自分の衝動を抑えたいときにも使うことができます。

例えば、オシッコをガマンしながら嫌いな相手に会って怒りをこらえたり、買い物の前に大量の水を飲んでおいて衝動買いを抑えたり……。**何か欲望に負けそうなシチュエーションで試してみてください。**

第 5 章

パートナーを見抜く5つの着眼点

◉恋愛や結婚で失敗しない相手の選び方

〈正しいパートナー選びには法則がある〉

人生の大きな悩みのひとつといえば、パートナー選びです。

「この人は自分の条件にあっているか？」「いまはいい人だけど、実はうわべだけではないか？」「本当にこの人と結婚していいのか？」……。考え出したらきりがなく、いつまで悩んでも正しそうな答えは得られません。

そんな悩みを少しでも減らすのが本章の目的です。

恋愛と結婚に絶対の正解はないものの、適切なパートナー選びには、一定の法則が存在します。

長期的な関係に向いた相手を見抜くにはどうすればいいか？　モテる人の特徴とは？　近づいたら危ないヤバめの異性を見分けるには？

そんな疑問を解決するには、男女にまつわる心理的なルールを理解し、打率を高めていくしかありません。正しいパートナー選びに効く、5つの着眼点をご紹介します。

手始めに、長く付き合える相手を探すには、どんなパートナーを選ぶべきかを見ていきましょう。

いかにも難問のようですが、科学的には、すでに「どんな人と付き合うべきか？」の最終解答は出ています。まずは結論から言うと、

・長続きする相手を探したければ、セルフコントロールができる人を探すべし

というのが答えです。セルフコントロールは、自分の欲望や衝動を制する能力のことで、ダイエット中にお菓子をガマンしたり、ムダ遣いをせずにコツコツと貯金したりと、人生のあらゆる場面で必要になってきます。

事実、多くの研究でも、セルフコントロール能力が高いカップルほど別れにくいとの結果が出ています。

例えばテネシー大学の実験では、セルフコントロール能力が高い人は、魅力的な相手からの誘惑に強く、パートナーを裏切らない傾向がありました。研究チームは、セルフコントロール能力こそが、浮気をしない相手の条件としてもっとも重要な要素なのだと断言しています。

また別の研究では、セルフコントロール能力があるカップルほどお互いの満足度が高く、人生の問題点を前向きに解決していこうとするモチベーションが高かったそうです。

当たり前といえば、これほど当たり前の話もないでしょう。目の前の誘惑に強ければ貯金も増え、浮気もせず、人生のトラブルも少なくなります。長期的な関係を築きたければ、セルフコントロール能力に目を向けるのが一番確実な道なのです。

ところが、世間には「誠実な相手がいい」という人は多いわりに、現実は真逆の方向へ進むケースがよく見られます。まじめで裏切らない相手を探していたはずが、ついつい悪そうな男性やセクシーなだけの女性になびいてしまうようなパターンです。

結果として恋愛が短い期間で終わってしまえば、いつまでたっても満足度の高い関係を築くことはできません。そうならないためにも、セルフコントロール能力が高い相手を的確に見抜いていく必要があります。

セルフコントロール能力を見抜く3つのポイント

セルフコントロールは表面に現れやすい能力なので、普段の行動に注目すれば、見抜くのは難しい作業ではありません。ポイントは3点です。

1　忍耐力がある

セルフコントロール能力と忍耐力は近い概念です。そのため、何かを我慢するのがうまい人ほど、セルフコントロール能力が高いことになります。

具体的には、貯金が少なかったり、タバコを止められなかったり、ダイエットが苦手だったり、仕事の締め切りを守らなかったりする人は危険度が高めです。他にも、すぐに怒る人や、こちらのミスに対してすぐ不機嫌になる人なども、セルフコントロール能力が低い可能性があります。

2 計画を立てるのがうまい

セルフコントロール能力が高い人は、地道に計画をこなすのが上手です。旅行などでハッキリしたプランを立てて動けるような人、数年にわたる投資計画を実行できる人などは、長期的なパートナーに向いている傾向があります。

逆に言えば、**時間にルーズだったり、平気で約束を破ったり、行き当たりばったりで行動する人は問題あり。**注意しておくといいでしょう。

ちなみに、時間にルーズな人や直感で行動する人は自由人のような印象が強いため、短期的には魅力的な人物に感じてしまうケースがよくあります。こちらも意識しておいてください。

セルフコントロール能力を見抜く3つのポイント

① 忍耐力がある

何かを我慢するのがうまい人ほど、セルフコントロール能力が高い

危険度大
- 貯金が少ない
- タバコを止められない
- ダイエットが苦手
- 仕事の締め切りを守らない

② 計画を立てるのがうまい

セルフコントロール能力が高い人は、地道に計画を立ててこなすのが上手

危険度大
- 時間にルーズ
- 平気で約束を破る
- 行き当たりばったりで行動する

③ 注意力をコントロールできる

セルフコントロール能力が高いと誘惑に勝つのがうまくなるため、注意力のコントロールが巧み

どれだけ目の前の作業に集中できているか

注意
- 会話中に他のことを考えていないか？
- デート中にスマホの通知にすぐ気を取られないか？

3　注意力のコントロール

セルフコントロール能力が高い人は誘惑に勝つのがうまいため、注意力のコントロールも巧みです。仕事中にジャマが入ってもすぐに元の作業に戻れたり、嫌なことがあって気持ちが乱れてもすぐ平常心に復帰したりと、注意力を使いこなすことに長けている傾向があります。

このポイントを判断するには、普段の行動で「**どれだけ目の前の作業に集中できているか?**」に注目してください。「会話中に他のことを考えてないか?」や「デート中にスマホの通知にすぐ気を取られないか?」など、ついつい他のことに意識が向いてしまうようだと、セルフコントロール能力は低いでしょう。

セルフコントロール能力を見抜く12の質問

相手のセルフコントロール能力を判断するには、これから紹介するいくつかの質問を相手に投げてみるのも有効です。

具体的には、以下の12問を相手に投げて反応を見てください。

①重要な目標をやり遂げるために、いくつかのトラブルを乗り越えた経験はありますか?
②新しいアイデアや計画を思いついたら、それまでに考えていたことから気がそれてしまうことは多いですか?
③趣味や興味がコロコロ変わりやすいですか?
④何かトラブルが起きても、やる気が続くタイプですか?
⑤熱しやすく冷めやすいタイプですか?
⑥自分のことを頑張り屋だと思いますか?
⑦目標を設定しても、後で変更してしまうことが多いですか?
⑧数ヶ月かかるような計画に集中し続けるのは難しいと思いますか?
⑨やり始めたものは必ず終わらせるタイプですか?
⑩ゴールまで数年かかるような目標を達成したことがありますか?

⑪ 数ヶ月ごとに新しい目標や趣味ができるようなタイプですか？
⑫ 自分のことを勤勉だと思いますか？

これらのうち、1、4、6、9、10、12番の質問がイエスなら合格。2、3、5、7、8、11の質問がイエスなら不合格です。

これはペンシルベニア大学のアンジェラ・ダックワース博士が提唱する質問集で、忍耐力や計画性の高さなどを判断するために考案されました。すべての質問を相手にぶつけてみる必要はないものの、たくさん聞くほど判断の精度はアップします。**不自然にならない程度に、いくつか質問を重ねて様子を見てみるといいでしょう。**

「出会いのチャンスを見抜くには？」

飲み会の席で、さっきから隣のテーブルの女性と目が合う。好意を持たれている気がするが自分の思い過ごしかもしれない……。

異性と知り合うチャンスはふいに訪れるものです。絶好のタイミングを逃してしまえば、いつまた同じ機会がめぐってくるかはわかりません。

そんな事態にならないように、ぜひチャンスを見抜くためのポイントを押さえておきましょう。

相手の脈ありサインを見抜く

まず参考にしたいのが、文化人類学の研究から生まれたテクニックです。

ラトガース大学の人類学者であるヘレン・フィッシャー博士は、1990年代にアマゾン川の流域で暮らす狩猟採集民のもとで調査を行い、さらにはパリやニューヨークといった先進国の住民たちにも大量のインタビューを重ねて、人間の「脈ありサイン」を徹底的にリサーチしました。

分析の結果わかったのは、人間が好意を示すときのサインは、世界中のどんな場所でもほとんど変わらないという事実です。人類に普遍的な好意のサインを、博士は4

つのステップにまとめています。

1　相手に好意を持つと、たいていの人はまず軽く微笑んだうえで、軽くけいれんしたような動きですばやく眉毛を上にあげて、その人物を見る。

2　その直後から目が大きく広がり、相手を見つめ始める。

3　続いてそっとまぶたが下に落ち、軽く頭を横に倒しながらやや遠くの方向に目を向け、そのまま違う方向を見続ける。

4　その後は、ときどき顔を手で触ったり、女性の場合は口元を手で覆うような行動が目立つようになる。ときどき、急にニヤリと笑ったり、神経質っぽいクスクス笑いを浮かべることも多い。

もし相手がこのようなジェスチャーをしてきたら、あなたに興味を持っている可能性が高くなります。

この好意サインは人類の遺伝子に埋め込まれたもので、育った環境や文化の影響を受けにくいのが特徴。**相手の気持ちが気になったら、自分と目が合ったときに好意ジェスチャーをしていないかに注意してみましょう。**

脈ありサインは声に出る

相手の脈ありサインを見極めたいときは、声の変化に注目するのもわかりやすいでしょう。多くの人たちは、好意を持った相手に対して、声のトーンを変える可能性が高いからです。

学生を対象にした実験では、被験者に見知らぬ男女の写真をいくつか見せたうえで、「この人物へ向けたボイスメッセージを吹き込んでください」と指示しました。すると、写真の人物が美男美女だったときほど、学生たちは声のトーンを低くする傾向があったのです。

この現象は、男性でも女性でも変わりませんでした。どうやら私たちの中には、興奮すると思わず声を低めてしまう心理があるようです。

また別の研究では、私たちは声の低い男性や女性に対して、無意識のうちに好意を持ちやすくなることもわかっています。

一般的に声の低さは男性ホルモンの量と関係があり、低音でしゃべる人ほど、たくましくてサバイバル能力が高いかのような印象を与えます。そのため、進化の過程で人類は、低い声に惹かれやすく進化してきたようです。

要するに、気になる相手には声のトーンを落としてしゃべりかけるのが効果的ですし、逆に低音で話してきた相手はこちらに興味があるのかもしれません。男女の興味は声に出るのです。

付き合える確率が高い異性を見分けるには？

付き合えそうな異性を見分けたいときに、科学的にもっとも注目すべきポイントは何だと思いますか？

その答えは、「ルックスのレベルが近いかどうか」です。昔から「顔のレベルが同じカップルはくっつきやすい」という考え方がありますが、この説は、科学的にも証明されています。

カリフォルニア大学が120人の男女を集めた実験では、すべての被験者のルックスを採点したうえで出会い系サイトに登録してもらいました。

その後、被験者のプロフィール画像にどんな反応が返ってくるかをチェックしたところ、興味深い傾向が見て取れました。全体的にはイケメンと美女ほど交際の申し込みが多かったものの、最終的には、ルックスが同じぐらいのカップルが、もっとも成立しやすかったのです。

言うまでもなく、もし相手が自分より美形だった場合は、フラれてしまう可能性が大きくなって不安感が芽生えます。逆にもし相手の見た目が自分より下なら「もっと上を望めたのでは……」という気持ちが強くなるはずです。

要するに、相手のルックスが自分より上でも下でも付き合える可能性は下がるため、結局は同じレベルの相手を選ぶほうが無難でしょう。これが、見た目のレベルで交際の確率が変わる理由です。

尻軽な相手を見抜くには？

最終的には誰でも長期的なパートナーを見つけたいでしょうが、一方では短期的な関係を求める欲望も持っているはず。そんな時のために、一夜限りの関係に乗ってきそうな異性を効率よく見分ける方法も押さえておきましょう。

ここで使えるのが、イギリスのダラム大学が考案したテクニック。なんと「尻が軽い性格の異性は顔さえ見ればパッとわかる」というのです。

これは約700人の学生を対象にした研究で、まずは全員に179ページのような男女の画像を見せました。

パッと見は平凡な顔写真のようですが、実はこれ、4枚とも17人ずつの男女の顔を組み合わせた合成画像になっています。

具体的には、次のような方法で作られました。

・右側の写真＝尻軽な性格の男女の顔を合成

・左側の写真＝堅い性格の男女の顔を合成

ここでいう「尻軽な性格」とは、次のような特徴を意味しています。

・一夜限りの関係を求めやすい
・愛がなくてもセックスができる
・次々とパートナーを変える傾向がある

この写真を見せたうえで学生たちに「どちらの顔が尻軽だと思うか?」との質問をしたところ、意外な結果が出ました。なんと、全員が72%もの高確率で、写真の人物の尻軽さを見抜いたのです。

被験者には特別な指示が出たわけではなく、あくまで顔を見た瞬間の印象で判断しただけ。あなたが「この人は軽そうだな……」と思ったら、その人は、本当に一夜の関係に乗ってくる可能性が高くなるのです。

ちなみに、軽そうだと判断された男性の顔には「鼻が大きい」や「眉毛が太い」といった特徴があり、女性の場合は「唇が太い」や「目が幅広い」などの特徴がありました。参考にしてください。

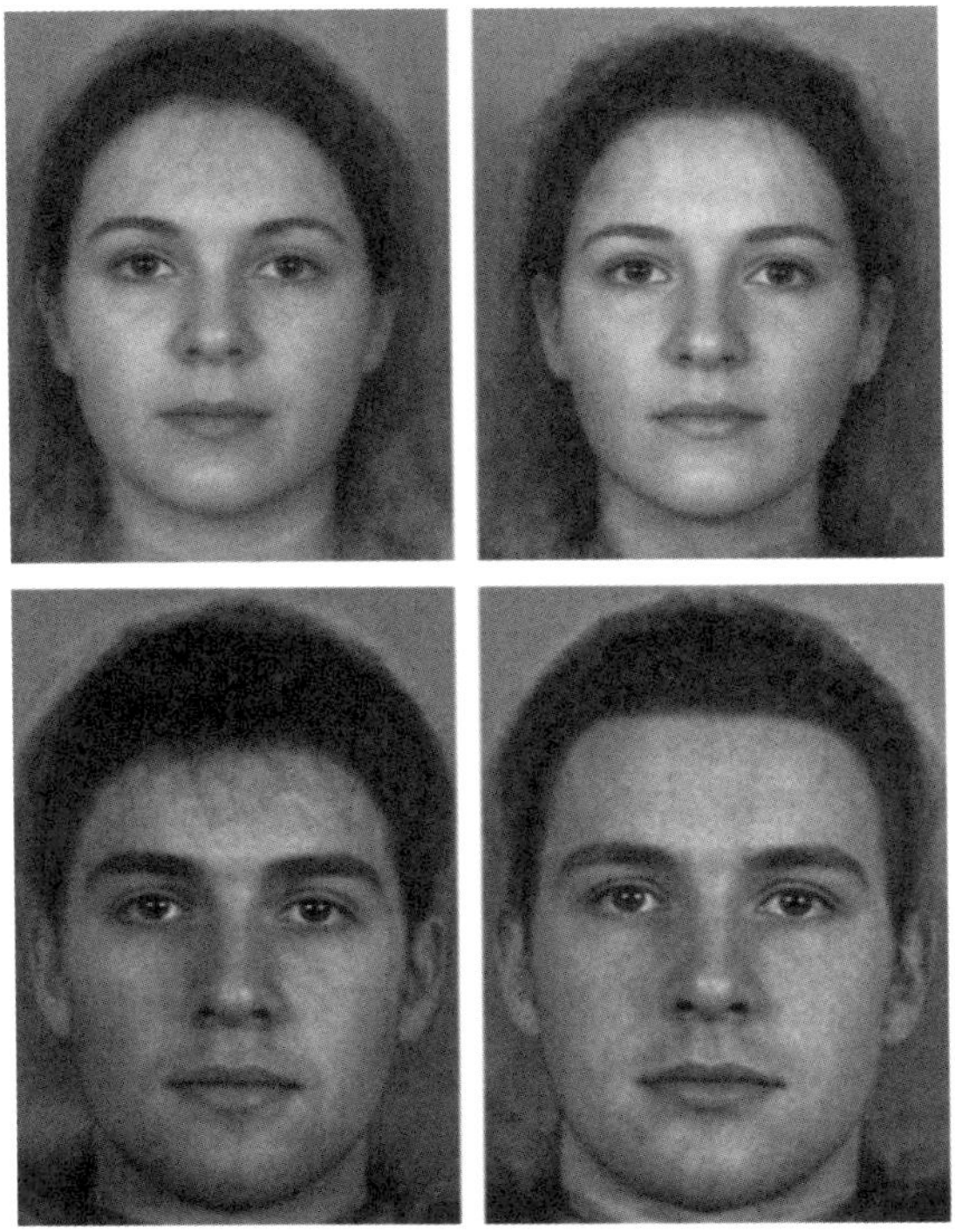

堅い性格の
男女の顔を
合成したもの

尻軽な性格の
男女の顔を
合成したもの

【なぜかモテる人を判断するには?】

どこにでも、不思議とモテる人がいます。

取り立ててルックスがいいわけでもなく、おもしろいことを言うわけでもないのに、なぜかいつも異性に取り囲まれているような人物です。そのような人に近づいて友人になれば、あなたが異性と出会うチャンスも増えますし、あなた自身がモテるための「生きた参考書」としても使えるでしょう。このような人たちは、いったい他と何が違うのでしょうか?

なぜかモテる人たちには、いくつかの共通する特性があります。3つのポイントを紹介しましょう。

男性は笑顔に、女性は自信に惹かれる

恋愛の世界では表情が命。ずっと陰気な表情をしていては、相手から好かれるのはとてもムリな話です。

それでは、異性にモテやすい表情とは、どのようなものなのでしょうか？

実は、この問題について調べた有名な研究があります。カナダのブリティッシュコロンビア大学が、様々な表情を浮かべた男女の写真を作り、千人以上の被験者に見てもらったのです。

写真の表情は、「笑顔」「自信に満ちた顔」「恥ずかしそうな顔」「普通の顔」の4パターン。被験者には、すべての写真について「性的な魅力を感じるレベル」を10点満点で採点してもらったそうです。

その結果わかったのは2点です。

・女性は笑顔の男に魅力を感じず、自信に満ちた顔を好む
・男性は自信に満ちた顔の女性を嫌い、笑顔の女性を高く評価する

どうやら、自信に満ちた表情の女性と、いつも微笑んでいるような男性は、モテない傾向があるようです。

なぜなら、女性にとっては、男性の自信に満ちた表情は「有能さ」や「権力」の象徴として映るため、自信ありげな表情のほうがモテやすくなります。逆に男性の笑顔は、女性にとって「弱さ」や「傷つきやすさ」の象徴として映りやすく、必ずしも魅力的な印象にはつながりません。

対人コミュニケーションでは笑顔が大事ですが、男性としての魅力を上げたいときには逆効果です。ウソでもいいから、とりあえず自信に満ちた表情を作っておいたほうが、モテやすくなります。

その一方で、女性の笑顔は、男性にとっては「優しさ」や「気立ての良さ」の象徴として映るため、満面の笑みを見せるほどモテ度が上がり、自信に満ちた表情は逆効果になってしまいます。

モテそうな人を判断したいときは、男女の表情の差に注意してください。

小さな親切をする人はモテる

いつの世でも、美男美女がモテるのは間違いありません。まことに厳しい世の中ですが、なかにはルックスが良くなくてもモテている人が多いのも事実です。このような人たちには、何か共通するポイントがあるのでしょうか？

心理学の世界では、すでに「ルックス以外でモテる人」の特徴をひとつに絞り込んでいます。ズバリ、他人への「親切さ」です。

「優しい人がモテる」と言えば当たり前のようですが、実際の統計データで、ここまで確認されたポイントはありません。

かつてカナダの大学が行った調査では、心理テストで被験者の「親切度」を調べ、さらにそれぞれの過去の交際経験と性体験の回数をチェックした結果、こんな関係が明らかになりました。

・男女を問わず親切な人はモテやすくなる
・男性の場合は、親切な人ほどセックスの回数が増えやすい
・女性の場合は、親切な性格でもセックスの回数は増えないが、特定のパートナーとの愛情が深まりやすい

男女のあいだで微妙な違いはあるものの、すべての数字が「親切な人はモテる」という事実を示しています。

親切の種類はなんでもよく、ボランティアや募金のような慈善行為に参加してみたり、同僚の仕事を手伝ってやったり、人の話を熱心に聞いたり、両親に電話をかけてあげたりと、そんな小さい行為の積み重ねが異性を引きつけ、やがて大きなモテにつながっていくわけです。

もともと古代の人類は、同じ部族の仲間と助け合って暮らすのが普通だったため、いつしか私たちの中にも「他人に親切な人」と仲良くしたくなるような心理が備わってきたのでしょう。モテ度を判断するサインとしては、かなりわかりやすいポイントではないでしょうか？

エクストリームスポーツをする男はモテる

スポーツマンがモテるのは世の常。サッカーやバスケなど、さわやかにスポーツをこなす人は男女を問わずウケがいいものです。

しかし、スポーツならばなんでもいいわけではありません。近年の研究により、心理学的にモテやすいスポーツの存在が明らかになってきました。

有名なのは、アラスカ大学による実験です。

研究チームは約２００人の女性にアンケートを行い、マウンテンバイク、スカイダイビング、バンジージャンプといった激しいスポーツの中から、もっとも性的にセクシーだと感じるものを選ぶように指示。回答データを処理したところ、より肉体的な危険度が高いスポーツほど男性のセクシー度が高くなる傾向がハッキリと現れました。

つまり、町中でローラーブレードをするよりは、オフロードのマウンテンバイクのほうが異性からのウケはよく、スキューバダイビングよりもスカイダイブのほうがモテ度はアップすることになります。危険度が高いほど男の魅力度は上がっていくため、エクストリームスポーツなどはかなりのモテ行為だと言えるかもしれません。

危険なスポーツが好まれるのは、女性の中に「狩りがうまい男ほど魅力的だ」と判断する心理メカニズムが備わっているからでしょう。

古代の社会では、狩りがうまい男のほうが女性

と付き合う確率も高かったはず。そのため、このときに作られた心理が、いまの女性の心もコントロールしているのです。

すぐ深い話に移る人はモテる

初対面の相手と話すときは、まず「親戚は何人いますか?」や「出身はどこですか?」などの小さな質問から始めて、少しずつ過去の恋愛や人生観などの深い内容に進んでいくのが会話のセオリー。いきなり人生の話など切り出したら、相手が引いてしまうだけだろう……。

そう思ってしまうのが普通ですが、モテる人の会話はまったく違います。**異性に人気がある人ほど、間をおかずに深い話を切り出してくるものなのです。**

ある実験では、被験者に45分のフリートークをするように指示し、この時、半分のグループには「小さな質問」から話を始めさせ、残りのグループにはいきなり「人生観を教えてくれませんか？」といった「深い質問」から入るように誘導しました。

それから全員の親密さを測ってみると、「相手と仲良くなった」と答えた割合は「深い質問」をしたグループのほうが30〜40％も上でした。なかには実験をきっかけに結婚したペアもいたというから驚きです。


「深い話題」をするときは、誰もが自分の本当の姿や価値観をさらけ出さねばなりません。人間はみな自分のことを話すのが大好きですが、深い話によって引き出された「自分語り」には、より強力な快感を覚える性質があります。

ハーバード大学の研究によれば、「深い話題」によって脳が得る快楽は、美味しい食事やセックスにも匹敵するのだとか。これだけの快感を与えてくれるのだから、深い話をする人がモテやすいのも当然でしょう。

【危ない異性を見分けるには？】

恋愛においては適切なパートナー選びも大事ですが、同じぐらい重要なのが地雷を避けることです。

見た目は優しそうだったのに、いざ付き合ってみたら予想もしないタイミングで激怒したり、かと思えば急に泣き出してみたり、ずっと褒められてないと満足しないタイプだったり……。そんな異性と間違って付き合わないためにも、「地雷女」や「地雷男」を事前に判断するコツを押さえておきましょう。

すぐ怒るヤバい男を見抜くには？

女性が男を選ぶ場合に、手始めに気をつけていただきたいのが相手の攻撃性です。出会った当初は優しかったのに、付き合ってから急に手をあげ始めるような男性は、少なからず存在します。

選択を誤れば人生の貴重な時間を棒に振りかねないだけに、慎重になるに越したことはないでしょう。

そこで、まずサインとして使えるのが相手の「顔立ち」です。男の攻撃性は顔に出やすいため、怒りやすい人を見抜く材料になります。

この時に注目すべきポイントは、顔のタテとヨコの比率です。具体的には、「左右の頬骨の幅」を「眉毛の下から唇の上までの高さ」で割った数字が大きければ大きいほど、攻撃性が高いと判断されます。簡単に言えば、顔の幅が広い人は怒りやすい傾向があるわけです。

顔立ちと攻撃性の関係は、多くの研究で確認された事実です。ある実験では、被験者の顔のタテヨコ比を測った後で、その友人に全員の攻撃性を確認したところ、顔の幅が広い人ほど「普段から怒りやすい」と評価されていました。

また、ホッケープレイヤーを対象にした別の実験でも、顔の幅が広い選手ほどラフプレイが多く、負傷率も高い傾向が確認されています。顔の横幅は、怒りやすさを示すサインになるのです。

だからといって相手の顔に定規を当てるわけにもいきませんが、多くの人は直感的に他人の顔幅を見抜く能力を持っています。

ブロック大学の実験によれば、多くの人は平均2秒で男性の顔のタテヨコ比を判別し、攻撃性も正確に予想することができました。私たちの脳には、見た目だけで相手の怒りっぽさを判断するセンサーが備わっているようです。

さらに、顔のタテヨコ比が大きい人には、次のような特徴もあります。

・嘘をつきやすい

顔幅が広い男性は、顔が縦長の男性に比べて3倍も嘘をつく傾向があります。特に、嘘をついたほうが自分の得になるような状況では、顔の幅が広い男性が嘘をつく確率は9倍にはね上がります。

・他人を利用しやすい

ある実験では、被験者にお金を渡して「他人と自由に分け合ってください」とお願いしたところ、顔の幅が広い人ほど公平に分配しませんでした。自分の得になると思えば、人からの印象が悪くなっても構わないと思いやすいようです。

・浮気をしやすい

顔の幅が広い人は恋愛の経験が多く、同時にいろいろな相手を渡り歩きやすい性質も持っています。この現象は、性別を問わず男女で同じ傾向が見られるため、顔の幅が広い女性にも要注意です。

不安定な異性を見抜くには？

「地雷」と呼ばれる人の中で、もっとも多いのは不安定系でしょう。付き合っているうちに急に気分がふさいで黙り込んでしまったり、何も言わずに急に連絡が途絶えてしまったり……。不安定な相手と付き合うと、こちらも巻き込まれがちなものです。

そんな事態を防ぐためにも、いくつかの判断ポイントを押さえておきましょう。

1 インスタグラムで見極める

ここ数年、心理学の世界で盛んになってきたのが、ＳＮＳとメンタルに関する研究です。１０９ページでもＳＮＳには人間の本性が出やすいという事実を紹介しましたが、同時にメンタルの状態が反映されやすいこともわかってきました。

ハーバード大学が行った実験では、166人のインスタグラムユーザーのアカウントから約5万枚の画像を収集。そこから全員のメンタルの状態をテストし、不安やうつになりやすい人の特徴を調べました。

そこで明らかになったのが、次のような傾向です。

・フィルタをあまり使わない
・フィルタを使うときは「Inkwell」を選びやすい(モノクロに変換するフィルタ)
・コメントの量の数に対して「いいね!」の数が少ない
・全体的に青みがかった写真が多い
・自撮りの顔写真や、特定の個人の顔がひとりだけ写った写真を投稿しやすい
・うつでない人に比べて、全体の投稿数が非常に多い
・不安とうつになりにくい人は「Valencia」のフィルタを使いがち(発色が明るくなるフィルタ)

まとめると、薄暗い写真が好きで自撮りが多く、インスタグラムの使用量が多い人はメンタルを病みがちだと言えます。

さもありなんといった結果ですが、このデータをもとにハーバード大学のチームがメンタルの診断プログラムを作ったところ、およそ70%の確率でうつを特定できたそうです。また、ヒューストン大学による別の実験でも、**SNSにアップする写真の暗さとメンタル悪化の関係が示されており、相手の不安定さを判断するポイントとしては、手軽で精度が高いポイントでしょう。**

2　ブランド好きか、または大食いかどうかで見極める

メンタルが不安定な人は、自尊心が低い傾向があります。自分に自信がないせいで他人からの批判や日常のトラブルをうまく処理できず、気分がどんどん落ち込んでしまうからです。

自尊心が低い人を見抜くには、「ブランド品が好きかどうか」と「大食いの傾向があるかどうか」という2つのポイントに注目するのが効果的です。

ノースウェスタン大学の実験では、学生の被験者を2つのグループに分けて、以下のような指示を出しました。

1　**ローパワーグループ**：過去に無力感を感じた体験を紙に書き出してもらう（「面接に失敗した」や「彼女にふられた」など）

2　**ハイパワーグループ**：過去に自分が他人に良い影響を与えた体験を紙に書き出してもらう（「自分の意見で親が禁煙した」や「企画が通った」など）

その後、全員にオークションサイトへアクセスしてもらい、「どの品物にいくら支払いますか?」と聞いたところ、ローパワーグループは、高級ペンやブランドのバッグなどの高級品を買う確率が大きくアップ。一方で普通のペン、ソファ、ドライヤーといった日常的な商品には高値をつけず、ブランドのロゴがはっきりと見えるようなアイテムを好むようになりました。被験者が無力感にさらされたせいで自尊心が下がり、心の穴を埋めるためにステータスが高い商品を求めてしまうようになったわけです。

その意味では、**ブランド品が好きな人の中でも、ロゴマークを重視するような人は特に注意が必要でしょう。**

さらにノースウェスタン大学は、「食欲」についても同じ現象を確認しています。先の実験と同じように学生をローパワーグループとハイパワーグループの2つに分け、全員にピザやスムージーなどの中から「好きなものを選んでください」と指示すると、自尊心が低下した人ほどピザやステーキのように見た目が大きい食品を選び、食欲が激しく増加してしまいました。

こちらも、同じようにステータスの問題が関わっています。私たちの多くは、無意識のうちに「大きな食べ物＝ハイステータス」だと考えるくせを持っているため、自尊心がない人ほど大食いになりやすいのです。

ブランド好きの大食いだからといって、必ずしも自尊心が低いとは限らないでしょうが、自尊心を表すバロメーターとして注目する価値はあります。

【破局・離婚の危機を見抜くには？】

せっかく好きな相手ができても、その関係を維持できなくては意味がありません。本章の最後に、パートナーとの破局や離婚の確率を見極める方法もご紹介しましょう。

「相手と仲が悪くなったら終わりじゃないの？」と思われるかもしれませんが、どこまで関係が悪化したらダムが決壊するのかを知っておくのは大事なことです。このポイントを押さえておかないと、本来は修復が可能だった関係まで壊れかねません。

破局と離婚の可能性を見抜くポイントは、以下の5つです。

1　80／20の法則に注意せよ

恋人と夫婦関係の研究で有名なジョン・ゴットマン博士は、90年代に様々なカップルに実験を行い、近いうちに2人が別れるかどうかを90％の確率で予測する方法を編み出しました。

その中でも、博士がもっとも重視するのが「80／20の法則」です。これはカップルのコミュニケーションにおける感情の割合をあらわしたもので、

- **2人が交わす全体のコミュニケーションのうち、ポジティブな会話の割合が80％を下回ると破局しやすい**
- **残りの20％はいくらネガティブなやり取りでも構わないし、最終的に解決しなくても問題ない**

のようになります。

まず大事なのは、ポジティブとネガティブの比率です。たとえば、遠距離恋愛など

で絶対的なコミュニケーションの量が少なかったとしても、その中でポジィティブなやり取りの割合が80％を超えていれば問題はありません。逆にこのレベルを下回るようなら危険信号です。

次に、ネガティブなやり取りに関しては、特に解決を目指さなくてもいいというのもポイントです。ネガティブな会話の量が20％を超えない限りは、どれだけ問題が大きくても破局の引き金にはなりません。

すなわち、破局を避けたいなら、ネガティブを減らすよりもポジティブを増やすほうに集中したほうが効果大。どんなに好きな相手とでも必ずなんらかの問題は起きるため、いつまでもネガティブな状態にこだわっていても仕方ありません。ポジティブの比率を上げるのが、破局を回避するための要点なのです。

2　ケンカの持続時間に注意せよ

ゴットマン博士がもうひとつ重視するのが、ネガティブなコミュニケーションの持続時間です。

3分以上のケンカは危険

これは、ケンカや皮肉などのネガティブなやり取りが続く時間を示したもので、博士の研究によれば、そのリミットはたったの3分。いったん争いが起きてから険悪なやり取りが3分を超えて続くと、その後6年間のうちに夫婦が離婚する確率は大きく上がりました。

いまのパートナーとのケンカがいつも3分以上続いてしまうようなら、大いに危険信号です。

3　ケンカの内容にも注意せよ

こちらは、コミュニケーションの内容に関する注意点です。

ひとくちにケンカといっても様々なパターンがありますが、その中にも破局につながりやすいものとつながりにくいものがあります。特にカップルを破局に導く可能性が高いのは次の4つです。

・人格批判

パートナーの行動よりも、人間性を否定してしまうケース。

相手がムダ使いをしたときなどに、「こんなに払ったら家賃が払えなくなる！」と言うのではなく、「ダメな人間だから金遣いが荒くなるんだ！」のように、向こうの性格や能力をののしるようなパターンです。この時、表情に軽蔑の感情が現れるほど、男女関係は崩壊しやすくなります。

イラっときて思わず人格否定をしてしまうケースは意外に多いもの。**お互いに気をつけるように、あらかじめ相手と取り決めをしておくといいでしょう。**

・時間かせぎ

こちらが怒ったときに、向こうが「その話は後にしよう」や「まぁ、とりあえず落ち着いて食事でもしよう」など、問題の内容から逃げるようなそぶりをするのが「時間かせぎ」です。

相手をなだめるつもりでついやってしまう行為ですが、逆に火に油を注ぐことにしかなりません。このパターンを使ったケンカが多いカップルも、やはり別れる確率は激増します。

・自己防衛

3つめは自己防衛です。ケンカの反論として相手や第三者を責めてしまう行動のことで、「お前だって人のこと言えないだろ！」や「社長に誘われたら飲まないわけにはいかないだろう！」のように、自分の非を認めたくないがために誰かに責任を転嫁する行為を意味します。

下手ないいわけをされれば誰でもイラッとするものですが、いざ自分が責められれば自分を守りたくなるのが人間というもの。こちらも要注意です。

・ソーシャルサボタージュ

これは、イギリスのブリガムヤング大学が発見した破局のリスク要因で、簡単に言えば「無視と陰口」のことです。

こちらが怒っても無言のまま何も返してこなかったり、自分がいないところで「あいつは金遣いが荒くて……」などと言ったり、親友家族に悪評を流したり……。

どちらかがこのような行為を始めると、もはや2人の関係は終盤戦です。ゴットマン博士の研究でも、いますぐにでも別れそうなカップルほど無視の量が増えると報告されています。別れたくなければ、この段階に来るまでに手を打たねばなりません。

4 離婚率は卒業アルバムでわかる

もうひとつ、破局の確率がわかるのが「卒業アルバム」です。その夫婦が離婚するかどうかは、その2人が卒業アルバムの写真で「どれだけ笑っていたか？」で、ある程度の予測がつくのです。

アメリカ・デポー大学の研究では、大学の卒業アルバムの写真を大量に調べて全員の笑顔レベルをチェックし、そのデータを被験者の離婚率と照合。すると、アルバムの写真で満面の笑みを見せていた上位10％の人たちは、下位の10％に比べて5分の1も離婚率が少ないことがわかりました。

言うまでもなく、笑顔は幸福のバロメーターです。写真でちゃんと笑顔を見せられる人は感情のコントロールがうまく、友人やパートナーとの関係性もうまく築ける傾向があります。そのおかげで、卒業アルバムで満面の笑みを見せている人ほど、離婚率は低くなるわけです。

この実験では、卒業アルバムだけでなく幼少期の写真でも将来の離婚率を予想できています。**いまのパートナーの子供時代の写真を見せてもらうのも、破局の確率を判断するいい手段です。**

5　破局の可能性は歩くスピードでわかる

カップルの仲が良いのか悪いのかは、歩くスピードを見てもだいたいの予測ができます。

タフツ大学が多数のカップルを調べたリサーチでは、2人の仲が悪くなっていくほど男性側の歩

行スピードが下がり、逆に女性側は早歩きになりやすいことがわかったそうです。

一般的に、男性は嫌いな人間の「顔だけ」を避けようとする性質を強く持ちます。そのせいで、相手の女性が嫌いになった場合は、無意識のうちに相手の後ろに回り込もうとし始め、自然と歩くスピードが落ちていくわけです。

その一方で、女性の場合は、嫌いな男の「全身」を視界から外そうとする性質があります。その結果、嫌な相手と歩くときはスピードが速くなり、仲が悪いカップルほど速度に差が出てしまうのです。

第 6 章

やばいやつを見抜いて自分を守るための3つの防衛線

◉絶対、近寄ってはいけない「危険人物」の見抜き方

〈「ダークトライアド」に気をつけろ〉

世の中には、決して関わってはいけないタイプの人たちがいます。息を吸うように嘘をついたり、相手を裏切ってもなんとも思わなかったり、他人の悪口に快感を覚えたり……。そんな人たちに巻き込まれたら、それこそ身の破滅です。

心理学的には、このようなパーソナリティを「ダークトライアド」と呼びます。これは冷酷で自己中心的な性格を持つ人々の総称で、以下の3つで構成されています。

- **サイコパス：共感能力が低くて反社会的**
- **ナルシスト：自己中心的でうぬぼれが強い**
- **マキャベリスト：目的のためには他人を操ることをいとわない**

どれかひとつのパーソナリティを持つだけでも性格的には難がありますが、3つをすべて兼ね備えていたらもはや最凶。事実、詐欺師やネットの掲示板荒らしなどにはダークトライアドが多く、安易に近づけば人生が崩壊しかねません。

そんな人を見抜くのは簡単だと思われるかもしれませんが、ダークトライアドを遠ざけるのは意外なほど困難を極めます。なぜなら、彼らは邪悪な性格であると同時に、普通の人にはない魅力も持っているからです。

・サイコパス：リスクを恐れない行動を取るので尊敬されやすい

・ナルシスト：他人の関心を得るために努力するので表面的な魅力が高くなる

・マキャベリスト：人の心を操るのがうまいため一定の信者が集まる

そのため、ダークトライアドな人たちは社会で成功する確率が高く、周囲からの尊敬を集めているケースも多々あります。その人の見た目や成功度などで判断すると、大きく見誤る可能性があるのです。

それでは、ダークトライアドを判断するにはどうすればいいのか？　具体的な判別方法を見ていきましょう。

まずは外見から見抜く

ヤバいやつを判断するために一番わかりやすいサインは「顔の作り」でしょう。ダークトライアドの行動は特定のホルモンの分泌量に左右されており、そのバランスの違いが、顔の作りにも大きく影響するからです。

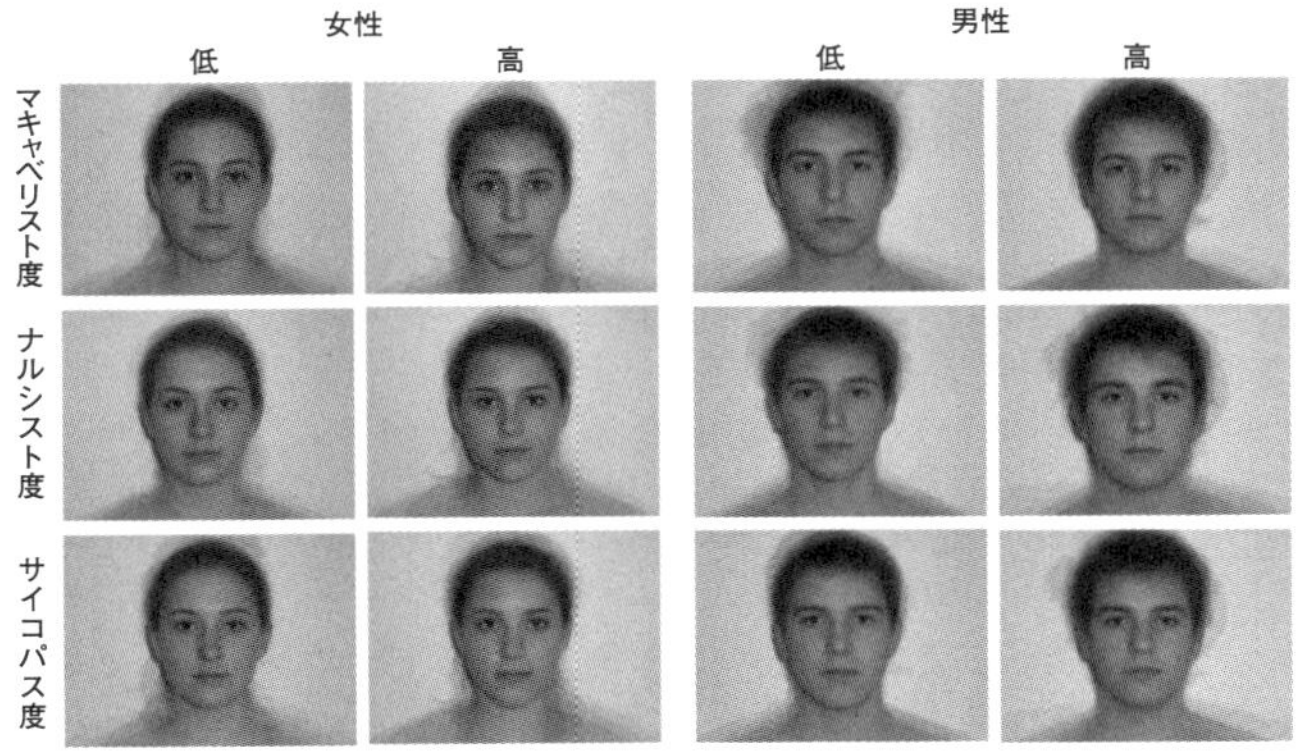

出典：Nicholas S.Holtzman(2011)Facing a psychopath: Detecting the dark triad from emotionally-neutral faces, using prototypes from the Personality Faceaurus

ダークトライアドの研究で有名なニコラス・ホルツマン博士は、過去に200人の被験者を集め、その家族や友人たちにインタビューを実行。全員がどれだけダークトライアドの要素を持っているかを調べたうえで、それぞれの顔を合成していきました。この作業により、ダークトライアド傾向を持った顔のプロトタイプが作れるわけです。

その後、完成したプロトタイプを他の参加者に見てもらったところ、おもしろい事実がわかりました。ほとんどの人は、顔を見た印象だけで「この人はサイコパスっぽい」「ナルシストみたい」などと判別できたのです。

どうやら、ダークトライアドにはそれぞれ特有の顔立ちがあり、私たちに独特の印象を与えるようです。被験者の多くは、ダークトライアドの顔について、大きく次のような感想を持ちました。

サイコパス：攻撃的で不機嫌そう

ナルシスト：不正直で裏で何か考えていそう
マキャベリスト：支配的で男っぽい感じがする

217ページの画像を見ればなんとなくわかるように、全体的にダークトライアドのレベルが高い顔は、輪郭がハッキリしているような印象があります。具体的には、

- **シャープでハッキリしたアゴ**
- **ゴツゴツした鼻**
- **深くくぼんだ目**

といった特徴を持っており、こちらに無意識の脅威を与えてくるようです。データによれば、被験者がパッと見の印象でダークトライアドを見抜ける確率は60％とのこと。**まずは自分の直感を信じてみるのが、手がかりの第一歩になります。**

モラルジレンマ問題

サイコパスを見抜くには、「モラルジレンマ」問題をぶつけて反応をうかがってみるのも良い手です。

「モラルジレンマ」とは、社会のルールや道徳に関わる「究極の二択」のこと。例えば、もっとも有名なのは「トロッコの問題」でしょう。

「線路を走るトロッコがコントロール不能になってしまいました。このままでは、前で作業をしている5人の作業員が猛スピードのトロッコにひき殺されてしまいます。

いま、あなたは線路の分岐器の側にいます。トロッコの進路を切り替えれば5人は助かりますが、別の路線で作業している作業員の1人がひかれて死ぬことになります。あなたはトロッコの進路を切り替えますか？」

どちらの選択をしても人が死ぬのですから、普通の人なら大いに悩むシチュエーションでしょう。

ところが、サイコパスは違います。この難問に対して、サイコパス傾向が強い人は「1人を殺す」と即座に答えるのです。

サイコパスとおぼしき人がいたら、試しに「モラルジレンマ」の問題を尋ねてみてください。「1人が死ぬほうが数が少ないのだから当然」といった答えがすぐに返ってきたら、当たりの可能性が高くなります。

あくびとサイコパス

まずはイラストをご覧ください。

この男性を見て思わずあくびが出そうになったなら、あなたがサイコパスである可能性はかなり低めです。逆に、体に何の変化も起きなかったら、少しサイコパスの素養があるのかもしれません。

これは、アメリカのベイラー大学が発見した、サイコパスの判定法です。

実験では、最初に被験者のサイコパスレベルを心理テストで判定し、その後で、みんなに「あくびをしている男女」の動画を見せて、どのような反応が起きるかを調べました。すると、サイコパス度が高い人は、低い人に比べて約2倍もあくびが伝染しにくい性質を持っていたのです。

このような現象が起きるのは、あくびの伝染を起こすためには共感力が必要だからです。そのメカニズムははっきりしていませんが、あくびと共感力をつかさどる脳のエリアは近いところにあるため、そのせいで共感力が高い人ほど伝染が起こりやすいのではないかと考えられています。

そのため、他人のあくびを見てもまったく伝染しない人は、共感力が低い可能性があります。サイコパスかどうかを確認したい人がいたら、あくびの伝染が起きるかどうかも試してみてください。

サイコパスにありがちな性質とは？

この他にも、サイコパスには特有の違いがいくつも存在しています。代表的なものをまとめておきましょう。

・苦いものや酸っぱいものを好みやすい

インスブルック大学の実験によれば、サイコパスの傾向が高い者ほど、ダークチョコレート、純ココア、お酢などのような苦くて酸味が強い食品を好みやすい傾向がありました。サイコパスはつねに刺激的な体験を求めており、そのせいで自然と苦味や酸味に手が伸びるのだと考えられています。

ただし、知性が高い人にも似たような傾向があるため、判断材料に使う際は注意してください。

・大学の専攻で、ビジネス、経済学、法律を選びやすい

サイコパス傾向が高い人は、大学の専攻で、ビジネス、経済学、法律を選ぶ確率が高くなります。サイコパスは権力やステータスを求めるパーソナリティなので、そこにつながりやすい科目を選ぶのです。

・最悪な上司のもとで逆に元気になる

悪い上司に当たったときほど嫌なものはありません。部下の悪口ばかり漏らしたり、会社のゴシップが大好物だったり、平気で約束を破ったり……。

そんな人物の下につけば誰でもモチベーションが下がるはずですが、サイコパスだけは違います。自分の上司が最悪であればあるほど逆に元気になり、さらに熱心に仕事に取り組むようになるのです。

この現象は、サイコパスたちが、普通の人よりも職場のストレスや不安を感じにくい性質を持つせいで起こります。そのため、最悪な上司の存在を逆に適度な刺激として受け取り、結果的にモチベーションが上がっていくのです。ブラック企業で生き生きしているような人には要注意でしょう。

・匂いを嗅ぎ分けるのが下手

匂いの嗅ぎ分けが苦手なのも、サイコパスによくみられる特徴です。これはマッコーリー大学が発見した現象で、成人の被験者にコーヒー、魚、オレンジ、ペパーミントから抽出した香料を嗅いでもらったところ、サイコパスのレベルが高い人ほど、それぞれの匂いを区別できませんでした。

不思議な特徴ですが、サイコパスは脳の前頭葉の機能が人より損なわれていることが多く、そのせいで衝動的な行動が増えやすくなります。と同時に、前頭葉は人間の嗅覚をつかさどるエリアでもあるため、オレンジと魚の嗅ぎ分けにもとまどってしまうのです。

ナルシストを一発で見抜く質問とは?

ダークトライアドの中で、もっとも見抜きやすいのはナルシストでしょう。たったひとつの質問だけで、相手のナルシシズムを判断する方法が見つかっているからです。

その質問とは、次のようなものです。

「あなたは、どれぐらい次の文章にあてはまりますか?
『私はナルシストです』
1(まったくあてはまらない)〜7(完全にあてはまる)の7段階の数字で答えてください。
※ナルシストとは、自分勝手で自己中心的でうぬぼれが強い性格のことです」

相手の回答は、以下の基準で判断します。

1点　ナルシスト度は全体の70%よりも下。他人のことを考えられる優しい人物。
2点　ナルシスト度は平均より少し下。可能なときは、自分より他人のことを考える良い人。
3点　ナルシスト度はちょうど真ん中ぐらい。自分と他人の希望のバランスを取るのがうまい人。
4点　ナルシスト度は全体の80%よりも上。完全なナルシストではないものの、その傾向が強め。
5点　ナルシスト度は全体の90%よりも上。完全なナルシストではないものの、その傾向がかなり強い。
6点　ナルシスト度は全体の95%よりも上。もっと他人とうまくコミュニケーションをとる方法を考えたほうがいい。
7点　ナルシスト度は全体の99%よりも上。他人をないがしろにしていないか、一度よく考えてみたほうがいい。

あまりにもシンプルなテクニックですが、オハイオ州立大学が２２００人を対象に行った実験では、この質問を使ったところ、昔から心理学の研究で使われてきた「自己愛テスト」と同じレベルで、相手がナルシストかどうかを判断できたというから驚きです。

「そんなに正直に質問に答えるものなの？」と思うかもしれませんが、ことナルシストに関しては当てはまりません。自己愛が強い人というのは、自分のナルシストぶりに自信を持っているからです。

ナルシストは自分のことを他人よりも優れていると信じ、その気持ちをためらいなく他人に語ります。そもそもナルシシズムを否定的にとらえていないので、ストレートに質問しても問題ないのです。

ナルシストにありがちな性質とは？

サイコパスと同様に、ナルシストにも特有の違いがいくつも存在しています。典型的なものを紹介しましょう。

・ナルシストが好むテレビ番組

オハイオ州立大学の調査によれば、パーソナリティとテレビの視聴習慣を比較したところ、ナルシシズムのレベルが高い人ほど以下のようなテレビ番組を好むことがわかりました。

・スポーツ番組
・政治のトークショー
・リアリティショー
・スリラーやミステリー

これらの番組が好まれるのは、いずれもナルシストの欲望をピンポイントで満たしてくれるからです。

大舞台で脚光を浴びるスポーツマンや難事件を解決するミステリーのキャラに自分を投影し、難しい政治問題を見て偉くなったような気分にひたり、凡人がスターになるリアリティショーで満たされない思いを癒す……。いずれも、ナルシストの欲望に沿ったコンテンツなわけです。

また、このデータによれば、ナルシストほど「ニュース番組」を見ないという傾向もありました。ニュースは公共性が高いジャンルなので、ナルシストの自己愛を満たさないのでしょう。

・オタク傾向がある

ナルシストといえば、うっとりと鏡で自分を見つめるビジュアル系のようなイメージもありますが、一方ではオタク気質な人も多く存在します。

これはジョージア大学が明らかにした事実で、約2千人の性格をオンラインで調べ、趣味とパーソナリティの関係を調べてみると、次のような傾向がわかりました。

・ナルシストほどオタク文化にハマりやすい
・オタクには神経症とうつ病の傾向がある

ナルシストは自分に対して美化されまくったイメージを持っていますが、現実の世界は厳しいため、そう簡単には自分のイメージが満たされません。

この矛盾を解決するために、ナルシストはゲームやファンタジー、ファン同士の集会などを利用します。つまりオタク趣味とは、肥大した自己を満たす手段である可能性が高いのです。

これに加えて、オタク的な知識を学ぶためにアカデミックな学位はいりませんし、資格や証明書も必要ありません。おかげでオタクは他のジャンルより手軽に専門家の地位を手に入れ、他人からの尊敬を集めることもできるのでしょう。まさにナルシストには、オタク趣味はうってつけのジャンルなのです。

・隠れナルシストを見抜く11の特徴

「隠れナルシスト」をご存じでしょうか？

これは、パッと見はナルシストに見えないのに、心の底では「誰もオレのことを理解してくれない」などと思っているタイプのことです。

本当は「自分には凄い才能がある」と信じているのに表に出せず、そのくせ他人からの批判には弱くてすぐに落ち込んでしまう……。誰でも1人や2人は心当たりがあるのではないでしょうか。

「隠れナルシスト」がヤバいのは、普通のナルシストよりも怨念をこじらせてしまいがちなところです。一般的なナルシストは他人から賞賛を集めようと自分を磨くための努力をしますが、「隠れナルシスト」は何もせずに認められようとするため、より世間への恨みをためやすいのです。

ナルシシズムの研究で有名なジョナサン・チーク教授は、「隠れナルシスト」の特徴をこうまとめています。

・自分のこと（健康状態や人間関係など）について、我を忘れて考えてしまうことがある。
・ＳＮＳの友人がやたらと多く、平凡な写真の投稿が１枚もない。
・他人から嫌なことを言われると、すぐに傷ついてしまう。
・部屋に入ると、室内にいた人たちに一斉に見られている気がする。
・自分の手柄を他人と分け合うのが嫌い。
・自分のことで手一杯なので、他人の問題に悩む余裕がない。
・自分の性格は、ほとんどの人とは違うと公言している。
・しばしば、他人の発言を個人的にとらえてしまう。
・すぐ自分の興味に夢中になり、他人の存在を忘れてしまう。
・自分を認めてくれる人が１人もいないグループから距離を置く。
・他人にトラブルの相談をされると、イライラした表情をする。

これらの特徴に当てはまるほど、その人は「隠れナルシスト」の可能性があります。注意して観察してみてください。

・筆跡とパーソナリティ

ナルシストは、筆跡にも特徴があります。フローニンゲン大学が５００人を対象にした調査によれば、自筆のサインとパーソナリティには、ハッキリとした相関関係が確認されたそうです。

第一に、サインのサイズが大きければ大きいほど、ナルシストの確率は高くなります。肥大した自己愛がサインの大きさにも影響し、無意識のうちに大きめに書いてしまうからです。

第二に、ナルシストの中でも特にサインのサイズが大きい場合は、事実を都合がいいようにねじ曲げる確率も高くなります。あまりにも自分が好きすぎるせいで、現実を自己イメージに合わせてとらえようとするのが原因でしょう。

マキャベリストにありがちな性質とは？

最後にマキャベリストについてですが、実は先に紹介した「サイコパスの特徴」がほぼすべて当てはまってしまいます。サイコパスの多くは、同時にマキャベリストの側面も併せ持つことが多いからです。

マキャベリストは他人を操ることに無上の喜びを得るため、やはり共感能力が低い傾向があります。そのため、サイコパスと同じくモラルジレンマ問題にも即答しやすく、あくびも伝染しにくいのです。

ただし、マキャベリストにも特有なポイントがいくつか存在しています。代表例を紹介しましょう。

・お世辞が異常に多い

マキャベリストの大半は、他人を操るためにお世辞を駆使します。**明らかに心ないほめ言葉には注意してください。**

・犯罪者を馬鹿にしがち

マキャベリストは目的のためなら手段を選ばないため、犯罪をおかすこともためらわない性質があります。と同時に、人の心を操る能力にも絶大な自信を持っており、「犯罪をおかして捕まるような人間は能力が低いだけだ」といった考えにいたりやすいのです。犯罪者に対して「自分ならもっとうまくやる」といった発言をするような人は、マキャベリストの可能性があります。

・安楽死に賛成しがち

マキャベリストは、徹底的な実利主義者です。基本的に自分のメリットになることにしか目を向けず、道徳的な問題には目もくれません。

安楽死の問題についても態度は同じで、「本人が苦しいなら殺してあげればいいいんじゃないの？」と考えるケースがしばしばです。人間の尊厳にこだわる人の気持ちに理解を示さないのも、マキャベリストの大きな特徴です。

・とにかく情報を隠す

都合が悪い情報はみんな隠したくなるものですが、マキャベリストはさらに徹底した秘密主義者です。

自分の失敗や汚点を隠すのは当然のこと、ときには昨晩に何を食べたかや出身校のようなんてことのない情報すら、そう簡単には人に漏らしません。その情報によって、いつ自分が不利な状況に陥るかもわからないと考えるからです。

あまりにも秘密主義すぎる人には、くれぐれも注意してください。

・会話中に「あ～」や「え～」が多い

サイコパスとマキャベリストでもっとも異なるポイントは、スピーチの流暢さです。

サイコパスはつねに自信満々で流れるようにしゃべりますが、マキャベリストは「あ

〜」や「え〜と」などの間投詞をよく使います。

これは、マキャベリストたちが、ついつい言葉をよく選んでしまうせいで起きる現象です。下手なことを言って相手に余計な情報を渡さないように、サイコパスよりも考えながら話す傾向があるのです。

もっとも、だからといってマキャベリストはスピーチが下手なわけではありません。基本的には人心操作の能力が高いので、聴衆を感動させるような演説を行うケースも普通にあります。

・長期的な目標を持たない

マキャベリストは自分のメリットだけを考えて行動しますが、それはあくまで短期的に報酬が得られる場合に限ります。

すぐに大金が稼げたり美味い酒を飲めるような場面では最高の能力を発揮しますが、将来のための貯金や勉強などは大の苦手。つねに短期戦の姿勢でのぞむため、未来の夢や目標を持たないのがマキャベリストの特徴です。

「いまが楽しければいい」「そんな先のことを考えても仕方ない」といった発言が多い人にも要注意でしょう。

・イケてない友達が多い

マキャベリストたちは、いまいちイケてない人々を周囲にはべらせることが珍しくありません。平均よりもルックスが劣っていたり、仕事ができないような人と友達になりやすいのです。

その理由は簡単で、イケてない友人のほうが操作しやすいから。マキャベリストは「有能な友人ほど裏切るものだ」と考えており、特に自分より優秀な人間と仲を深めようとはしません。これもマキャベリストらしい特徴です。

サイコパス・ナルシスト・マキャベリスト
それぞれの特徴

	サイコパス	ナルシスト	マキャベリスト
特徴	共感能力が低く 反社会的	自己中心的で うぬぼれが強い	目的のために 他人を操ることを いとわない
魅力	リスクを恐れない 行動を取るので 尊敬されやすい	他人の関心を得る ために努力するので 表面的な魅力が 高くなる	人の心を操るのが うまいため一定の 信者が集まる
外見	攻撃的で 不機嫌そう	不正直で裏で 何か考えていそう	支配的で男っぽい 感じがする
性質	他人のあくびを 見てもまったく 伝染しない	オタク傾向がある	お世辞が 異常に多い
	最悪な上司の もとで逆に 元気になる	サインの文字が 大きい	とにかく 情報を隠す
	匂いをかぎ分ける のが下手・酸っぱい ものを好みやすい	好きなテレビ番組は、 スポーツ番組・政治 のトークショー・ リアリティショー・ スリラーやミステリー	長期的な目標を 持たない
	大学の専攻で、 ビジネス・経済学・ 法律を選びやすい	神経症と、 うつ病の 傾向がある	イケてない 友達が多い

第 7 章

8週間トレーニング

◉「共感力」を高めて他人を見抜く
スナップジャッジメント・トレーニング

〈「スナップジャッジメント」の能力を高める具体的な方法〉

第1章では、人間には生まれつき他人を見抜くための能力があり、この機能を存分に発揮するのが大事なのだとお伝えしました。

ここまで見てきた中でも、直感だけで他人の知性を正しく見抜けたり、顔だけでサイコパスがわかったりと、人間の直感力の凄さを示すエピソードには事欠きません。あなたが生まれ持つ「スナップジャッジメント」の能力を使いこなすのが、他人を見抜くための王道なのです。

しかし、単に「直感力が大事」と言われても、あいまいすぎてよくわかりません。いったい、直感力をうまく働かせるにはどうすればいいのでしょうか？

ここで思い出して欲しいのが、１３８ページでお伝えした「シミュレーション戦略」の考え方です。

簡単におさらいすると、「シミュレーション戦略」とは相手の表情やしぐさに注目するのではなく、「その人の立場だったらどう思うか？」と考えてみるというもの。シンプルながら、およそ2倍も正確に相手の心を読めてしまう重要なテクニックです。

そのキーポイントになるのは、「共感力」でした。

言わずもがな、「共感力」とは、相手の感情を自分のもののように捉えられる能力です。一般的には、他人とのコミュニケーションを円滑に進めたり、困っている人への思いやりを持つときなどに必要とされる能力ですが、実は「スナップジャッジメント」にも欠かせません。その人の頭の中に入り込むには、相手の身になって考える能力が絶対に必要だからです。

つまり、人間の直感の底にあるのは「共感力」です。相手の視点から物事を考え、その気持ちを我が事のように味わえれば、あなたの「スナップジャッジメント」は確実に精度を増していきます。

とはいえ、「共感力」もまた抽象的なアイデアではあります。「他人の立場で」と言えば聞こえはいいですが、ただの精神論に終わっては意味がないでしょう。正しく「共感力」を育てるには、具体的なトレーニングの目標を立てつつ、意識的に能力を上げていく必要があります。

そこで最終章では、共感力を高めるための「スナップジャッジメント・トレーニング」を用意しました。

近年の心理学界では、共感に関する研究が進み、他人の脳とシンクロする能力を向上させる技法がいくつも生まれています。その中から特に手軽で効果が大きいものを選び、8週間分のトレーニングメニューにまとめました。

多くのデータでは、いずれも8週間前後で被験者の共感力に大きな違いが出ています。しっかりトレーニングを積めば、あなたの他人の心を読む能力は、着実にアップすることでしょう。

ただし、これから紹介するトレーニングは、順番どおりにやらなくても構いません。

どの手法から試しても効果は出るので、自分で「これなら出来そう」と思ったものから手をつけるのもＯＫです。あくまでひとつの参考例として使ってください。

【第1〜2週　純文学に触れる】

最初の2週間では、共感力を伸ばすための基礎トレーニングを行います。**そのためにもっとも取り組みやすいのは、純文学に触れることです。**純文学に明確な定義はありませんが、ざっくりと娯楽性よりも芸術性を重視し、文章の美しさや精緻な心理描写に重きをおいた作品ぐらいに考えていただいて構いません。

純文学でコミュニケーション能力が上がる

純文学と共感力について調べた研究は多く、例えばアメリカのニュースクール大学による実験では、被験者に全米図書賞の小説部門を取った作品をいくつか読ませ、共感力がどのように変わるかを調査しました。

すると、純文学を読んだ被験者は、「ゴーン・ガール」のようなエンタメ小説やノンフィクションを読んだグループよりも他人の心を推測する能力がアップ。さらにはコミュニケーション能力まで向上しています。

純文学で共感力が上がるのは、普通の小説よりも、意識して認知機能を使わねばならないからです。

誰にでもわかるように書かれたエンタメ作品に比べて、純文学は細かな描写から心理や状況を読み取り、様々な比喩や少々の意味を読み解くように読者に働きかけます。その結果、読み手はいつもより脳を働かさざるを得ず、自然と共感力のトレーニングにつながっていくのです。

手に取る純文学は、自分が興味を持ったものを選んでください。全米図書賞のような権威ある文学賞から選んでもいいですし、漱石や鷗外などの古典に触れるのもいいでしょう。とにかく週に最低でも1冊ずつは

純文学を取り入れてみてください。
ちなみに、ニュースクール大学の研究チームは、リディア・デイヴィス、アリス・マンロー、ドン・デリーロといった作家の作品を実験に採用しています。純文学に慣れないうちはハードルが高いチョイスですが、こちらもおすすめです。

海外ドラマでも心の知能指数は鍛えられる

もし純文学が苦手なようであれば、まずは海外ドラマを試してみるのも有効です。学生を対象にしたある実験によれば、「マッドメン」や「ザ・ホワイトハウス」のようなエミー賞受賞作を見た学生は、歴史ドキュメンタリーを見た学生よりも、ＥＱテストの成績が良かったとの報告が出ています。

ＥＱは「心の知能指数」と呼ばれ、自己コントロール能力や他人への共感力の高さを示す指標のこと。この数値が高いほどコミュニケーションがうまく、年収も上がりやすい傾向があります。どうやら良質の海外ドラマもまた、私たちの脳に適度な刺激を与え、共感力を伸ばす効果を持つようです。

この実験で他に採用されたドラマは、「グッド・ワイフ」や「ＬＯＳＴ」などがあります。「ＬＯＳＴ」はエンタメ寄りのＳＦミステリーですが、あまりにも謎が多すぎる展開が続くため、硬派な人間ドラマと同じようなトレーニング効果が出たようです。

いまのところ小説とドラマの効果を比較した研究はありませんが、共感力のトレーニングを伸ばす効果に関しては、おそらく脳機能への負荷が高い純文学のほうが有利だと考えられます。**最初は海外の優秀なドラマを楽しみつつ、慣れてきたら純文学にも手を伸ばしてみてください。**

【第３～４週　不快感を導入する】

純文学で脳の機能を高めたら、次は他人の心に対する敏感さを上げるステップに移りましょう。

この週からは「軽い不快感」がキーワードです。意外に思われるかもしれませんが、軽い痛みやかゆみなどのちょっとした不快感には、あなたの共感力を高める効果があります。

具体例を挙げましょう。2016年に、アメリカのドレクセル大学が学生たちを2つのグループに分けました。

1 紙やすりを触りながら、痛そうなイメージの写真を見る（ドアにはさまった指や転んだ人など）

2 サランラップを触りながら、痛そうなイメージを見る

そのうえで全員の脳波を調べたところ、紙やすりを触ったグループのほうが脳の共感能力をつかさどるエリアが活性化し、「貧困対策のチャリティにどれだけ募金しますか？」といった質問に対しても、58％ほどお金を払いやすくなりました。紙やすりに触ると人間は他人の痛みに敏感になり、さらには恵まれない人たちへの共感力も増すようなのです。

なんとも不思議な現象ですが、これは紙やすりが軽い不快感を引き起こすのが大きな原因です。

まず、ザラザラしたものに触れると小さな痛みが起き、脳の不快感センサーが起動します。すると、そのおかげで不快感に対する意識がいつもよりも敏感になり、他人の痛みや苦境にも目が向くようになります。こうして、自分の中の不快感が最終的には共感力にまでつながっていくわけです。

研究によれば、自分に不快感を与えるためのアイテムは、角質を取るための軽石やチクチクするセーターなどでＯＫ。**1日に1～2分でいいので、自分に軽い不快感を与える時間を持ち、その感覚をじっくりと味わってみましょう。**

【第5～6週　人知を超えたものを感じる】

この週からも、さらに共感力のベースをあげていきます。

ここからの2週間は、「不快感」に加えて「人知を超えたもの」との接触時間を増やしていきましょう。

といっても、オカルト的な話がしたいわけではありません。大自然、宇宙、名画など、壮大なものを見たときに私たちの中に湧き上がる「言葉で説明できないけど凄い！」という感情を味わう時間を増やして欲しいのです。

この感情は「畏敬の念」と呼ばれており、近年の心理学では、人間の共感力を上げるパワーを持つことがはっきりしてきました。

カリフォルニア大学の心理学者ポール・ピフ博士は、いかに「畏敬の念」で共感力が高まるかを実験で明らかにしています。学生の被験者に「プラネットアース」のような壮大な自然の番組を見せたところ、動物の動画や一般的なドキュメンタリーを見たグループに比べて共感力テストの成績が上がり、他人に寛大な行動を取るようになったのです。

このような現象は、「畏敬の念」のおかげで、自分と他人の壁が取り払われるのが原因で起きます。

壮大な自然に触れると、私たちは「自分のちっぽけさ」に気づき、いつもよりも自意識のレベルが低下。その直後から、自分のことを考える時間が減り始め、最終的には他人のことを考えられるようになるわけです。

「畏敬の念」を味わうには、あなたが「とにかく凄い」と感心できるものならなんでも構いません。他の研究では、次のようなシチュエーションでも大きな効果が出ています。

- ユーカリの木を1分ほど見つめる
- 大地震や山火事といった自然災害の動画を見る
- 水滴がスローモーションで垂れていく動画を見る

いずれにせよ大事なのは、世の中の複雑さや精妙さに改めて気づかせてくれるような対象を選ぶことです。

この条件が満たされていれば、壮大な時間の流れを描いたSF小説や、イマジネーションが広がるファンタジー映画など、フィクションを活用しても同じ効果は得られます。もっと手軽に試したいなら、スマホの待ち受けを宇宙の画像にしてみるのもいいでしょう。

「畏敬の念」を味わう時間に決まりはありませんが、多くの実験では、

1回10~20分ほどで良い影響が得られています。**最低でも1日に1回は、人知を超えたものに触れる時間を作ってください。**

【第7~8週　内受容を鍛える】

ここまでの取り組みで、あなたの中では共感力のベースが固まり、他人の心に対する敏感さが確実に向上しているはずです。

そこでプログラムの最後では、もっとも共感力のアップに欠かせないポイントに取り組み、「スナップジャッジメント」の能力を極限まで強化していきましょう。

この2週間で鍛えるのは「内受容」です。耳慣れない言葉かもしれませんが、ここ数年でオックスフォード大学などが研究を進め、共感力に欠かせない要素としてクローズアップされてきました。

「内受容」を簡単に説明すれば、自分の体の状態を正確にモニタリングする能力のことです。いま自分の体がどれだけ疲れているか？心臓がどう動いているか？神経がどれぐらい興奮しているか？のような情報を正確に推測できるスキルを意味しています。

大したことがない能力のように感じられるかもしれませんが、脳と体の最適化には必須の要素で、一流のミュージシャンやアスリートなども「内受容」の感覚が非常に鋭い傾向があります。その他にも「内受容」が鋭い人ほど認知力や集中力が高く、感情のコントロールもうまいといったデータもあり、人間にとって欠かせない能力であるのは間違いありません。

「内受容」と共感力の関係を明らかにしたのは、2017年にオックスフォード大学が行った実験です。

研究チームは、まず学生の被験者に「手首や心臓に手を当てずに、自分の心拍数をカウントしてください」と指示。続いて、いろんな「夫婦の会話シーン」の動画を見せたうえで、「動画

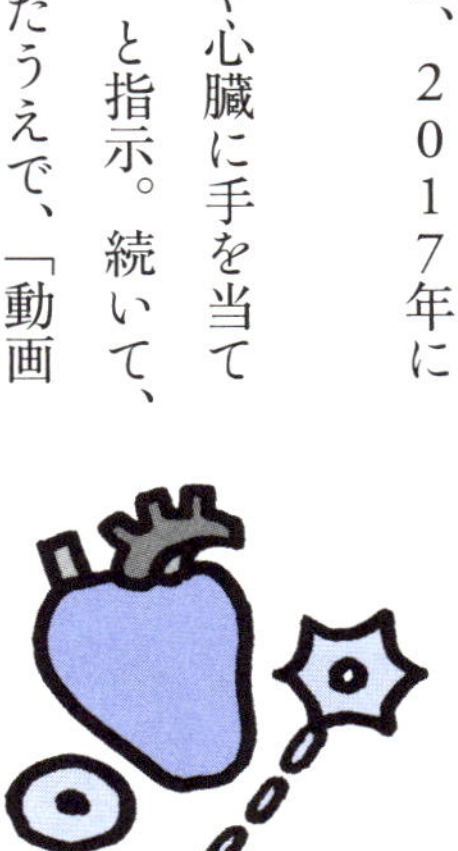

の男女はどのような気持ちだと思いますか？」と尋ねていきました。

そこでわかったのは、心拍数のカウントがうまい人ほど他人の気持ちを読むのもうまいという事実でした。

要するに、自分の体を正しくモニタリングできる人は、他人の感情も正しくモニタリングできてしまうわけです。

まさに「スナップジャッジメント」には欠かせない能力だと言えるでしょう。

「内受容」を鍛える方法はいくつか存在しますが、一番の定番は「ボディスキャン瞑想」です。
自分の体の各部に少しずつ意識を向け続けていくタイプの瞑想で、あなたのモニタリング機能を高める働きがあります。
「ボディスキャン瞑想」は、次のように行ってください。

1　床に寝ながら手足を自然に伸ばしてリラックスします。

2　目を閉じたら、体の各パーツに意識を向けていきます。

3　まずは頭に意識を向け、どんな感じがするかをチェックしましょう。「ちょっとかゆいな……」や「軽く痛みがあるな……」など、いまの状態をありのままに確認してください。

4　もし体の一部にこわばりがあれば、深呼吸をして緊張感をリリース。やや不快感がやわらいだら、次のパーツに移ります。

5　全身のスキャンが終わったら、ゆっくりと目を開いて終了です。

ひとつのパーツをスキャンする時間は5〜10秒ほどでＯＫ。**慣れてきたら「親指の感覚」や「眉**

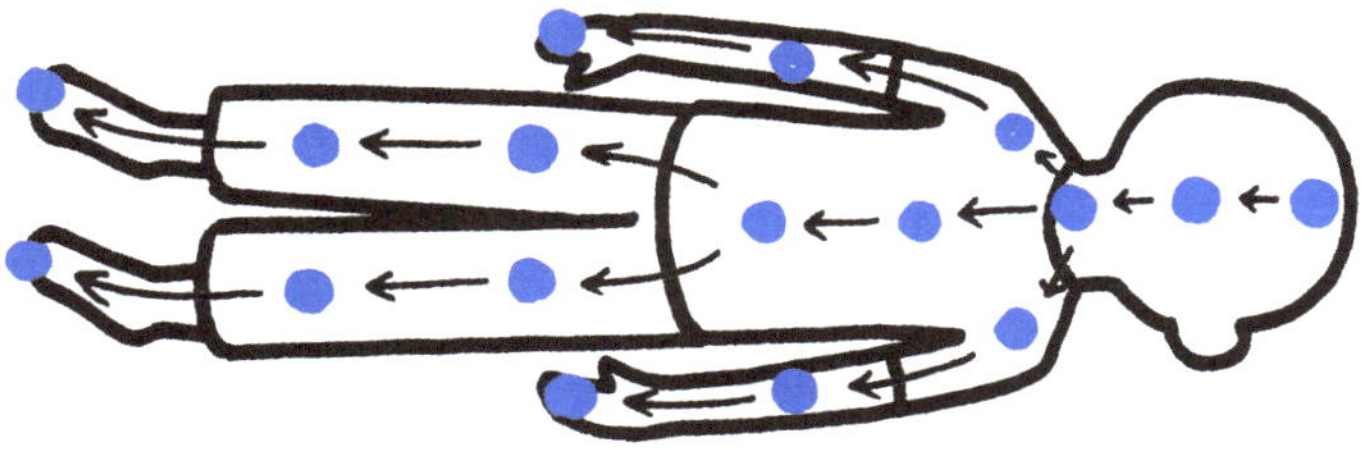

毛の感覚」レベルまでスキャンのエリアを細かくし、できるだけ精密に体の状態をチェックするようにしてください。

実践の目安は1日10〜20分。長く続けるほど共感力が高まりやすくなります。

【第8週以降　実践で使ってみる】

8週目が過ぎたら、トレーニングで磨き上げた共感力を「スナップジャッジメント」に使ってみましょう。

やることは簡単で、**心や性格を見抜きたい人物がいたら、まずは143ページの「無意識を信じる」で紹介したテクニックなどを使い、できるだけ無心で会話を続けつつ、あくまで直感で相手の大まかな印象をジャッジします。**

これでだいたいの「アタリ」をつけたら、後は自分の直感が正しいかどうかを確かめていくのみ。さらに相手を観察して情報を集めつつ、本書の中で大量に紹介した「人間のパターン」と照らし合わせてください。
当然ながら、この段階では情報が多ければ多いほど精度は高くなります。

共感力を高める 8週間トレーニング

第1～2週	**純文学に触れる** ■純文学でコミュニケーション能力を上げる。 ■海外ドラマでEQ（心の知能指数）を鍛える。 ☆海外ドラマはエミー賞受賞作がおすすめ。
第3～4週	**不快感を導入する** ■1日1～2分、自分に軽い不快感を与える時間を持つことで他人の痛みに敏感になり、共感力が増す。 ☆不快感を与えるアイテムは、角質を取るための軽石や、チクチクするセーターなどでOK。
第5～6週	**人知を超えたものを感じる** ■1日10～20分、「言葉で説明できないけど凄い！」と感じる「畏敬の念」を味わう時間を増やし、共感力を上げる。 ☆「プラネットアース」のような壮大な自然の番組を観るなど、「とにかく凄い」と感心できるものなら何でもよい。
第7～8週	**内受容を鍛える** ■「ボディスキャン瞑想」で、「内受容」を鍛える。 ☆自分の体を正しくモニタリングできる人は、他人の感情も正しくモニタリングできる。
第8週目以降	できるだけ無心で会話を続けつつ、あくまで直感で相手の大まかな印象をジャッジする。

メンタリストDaiGo

慶應義塾大学理工学部物理情報工学科卒。人の心を作ることに興味を持ち、人工知能記憶材料系マテリアルサイエンスを研究。英国発祥のメンタリズムを日本のメディアに初めて紹介し、日本唯一のメンタリストとして多数のテレビ番組に出演。その後、活動をビジネスやアカデミックな方向へ転換し、企業のビジネスアドバイザーやプロダクト開発、作家、大学教授として活動する。現在、ジェネシスヘルスケア株式会社顧問、新潟リハビリテーション大学特任教授を務める。

主な著書は、『一瞬でYESを引き出す心理戦略。』（ダイヤモンド社）、『自分を操る超集中力』（かんき出版）、『ポジティブ・チェンジ』（日本文芸社）、『人生を思い通りに操る片づけの心理法則』（学研プラス）など多数。

●ニコ生・Twitterにて心理学動画無料公開中
ニコ生 → http://ch.nicovideo.jp/mentalist
Twitter → https://twitter.com/mentalist_daigo

協　力　對馬大和

［装　丁］

プロデュース　高平晴誉（fabriq Inc.）
装丁カバーデザイン　藏本秀耶
撮　影　田中恒太郎（TRAVOLTA）

ヘアメイク　永瀬多壱（VANITES）
スタイリスト　松野宗和

スタジオ　10BANスタジオ

秒で見抜くスナップジャッジメント

2018年9月20日　初版第1刷発行

著　者　メンタリストDaiGo

発行者　笹田大治
発行所　株式会社興陽館
〒113-0024
東京都文京区西片1-17-8 KSビル
TEL:03-5840-7820
FAX:03-5840-7954
URL://www.koyokan.co.jp
振替:00100-2-82041

リサーチ&編集協力　鈴木祐
本文イラスト　坂木浩子
本文デザイン　fukuda design
校　正　結城靖博
編集補助　稲垣園子＋島袋多香子＋斉藤知加＋岩下和代
編集人　本田道生

印　刷　KOYOKAN,INC.
DTP　有限会社天龍社
製　本　ナショナル製本協同組合

ISBN978-4-87723-228-3 C0011

メンタリストDaiGo「人を見抜く」動画！

＼ニコニコ動画で配信中!!／

持ち物でわかる心理学 ～バッグで相手の心理を読む方法とは？

http://www.nicovideo.jp/watch/so26702549

タックル事件にどう反応するかでわかる、性格やばいやつの見分け方

http://www.nicovideo.jp/watch so33264493?ref=search_tag_video&ss_pos=22&ss_id=4745d67c-5c5a-44da-a209-cf824dc358b4

主観的類似とアソビゴコロで一瞬で友達を作る技術

http://www.nicovideo.jp/watch/so33215716

相手の心を読み当てるリーディングのための「しぐさの心理学」

http://ch.nicovideo.jp/mentalist/video/so29727575

LINEで相手の心を読む方法

http://www.nicovideo.jp/watch/1449107699

手から相手の心を読む方法

http://www.nicovideo.jp/watch/1437398626

口癖でわかる心理学　「だから」が口癖の人の性格とは？

http://www.nicovideo.jp/watch/1436931066

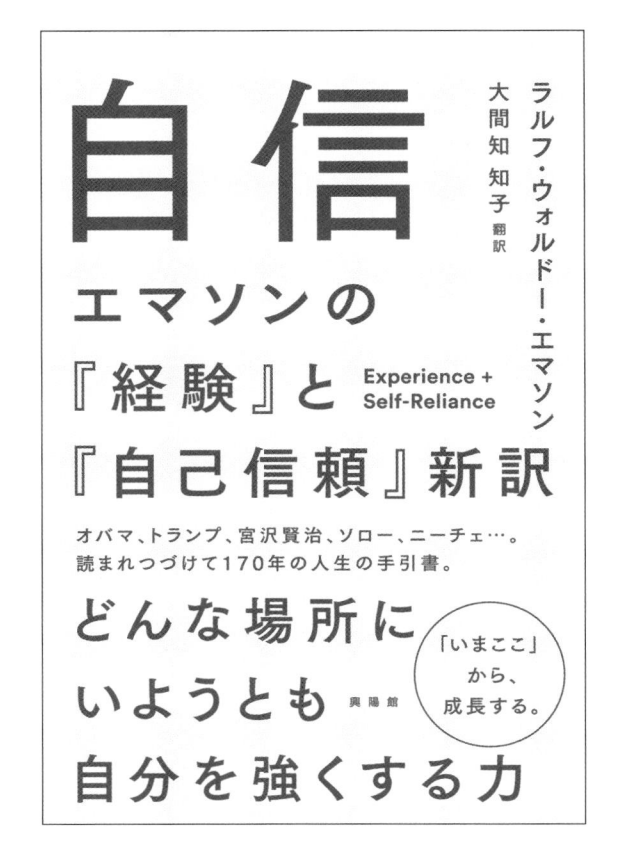

群れるな。孤独を選べ。
岡本太郎の最新生き方論。

孤独がきみを強くする

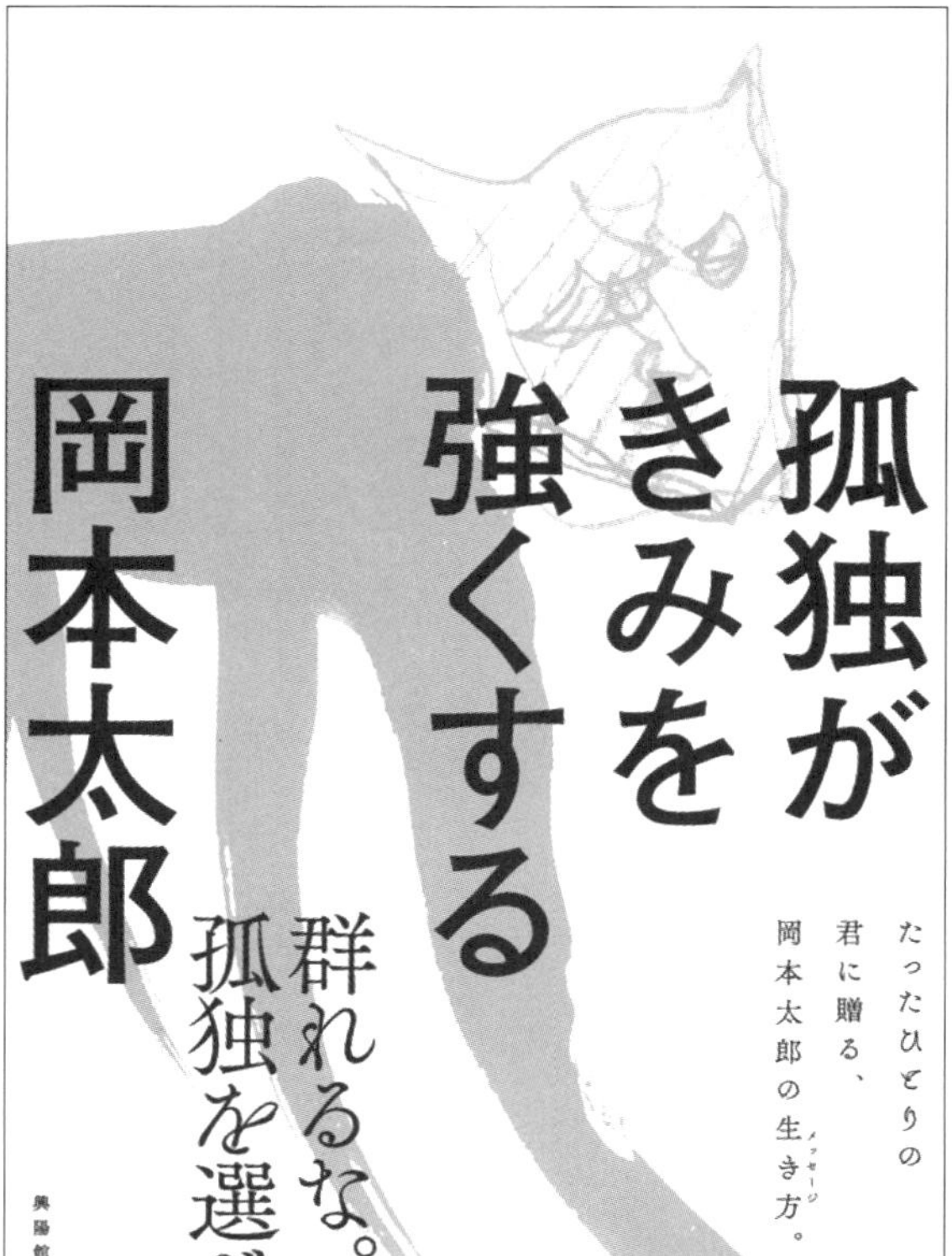

岡本太郎

本体 1,000円+税

ISBN978-4-87723-195-8 C0095

たったひとりの君に贈る、岡本太郎の生き方。孤独はただの寂しさじゃない。人間が強烈に生きるバネだ。孤独だからこそ、全人類と結びつき、宇宙に向かってひらいていく。

明日死ぬとしたら、今日何をするか？
すべての人を挑発する、「言葉の錬金術師」テラヤマの言葉。

群れるな
寺山修司 強く生きぬく言葉

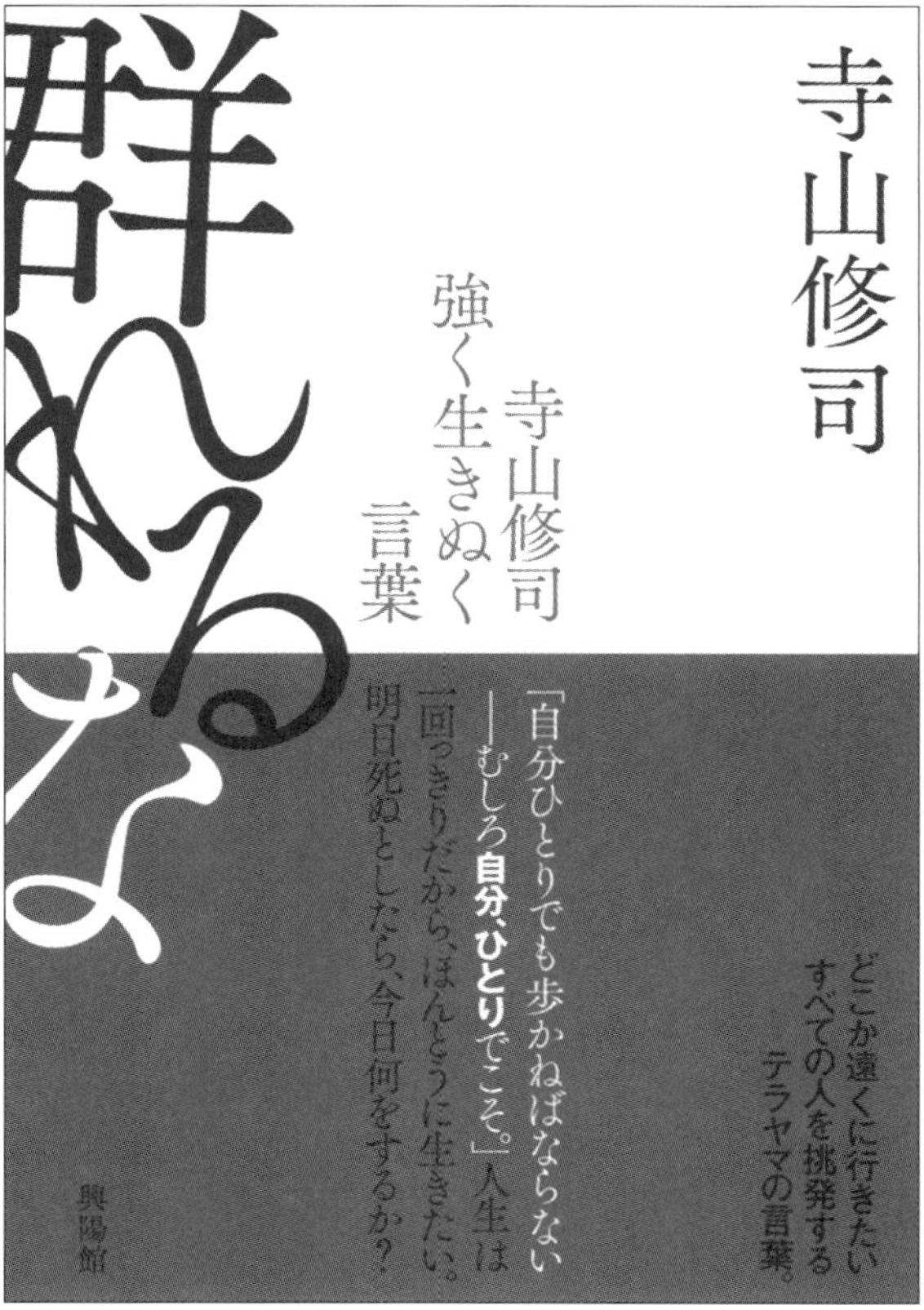

寺山修司

本体 1,000円+税
ISBN978-4-87723-218-4 C0095

「人は弱いから群れるのではない。群れるから弱くなるのだ。」自分は誰なのか？ 生きるってどういうことなのか？ あしたはどこにあるのか？ 若くして死ぬことを知りながら、47歳最後の瞬間まで生き抜いた寺山修司のベスト・メッセージ！

暮らしを読む本

おしゃれな おばあさんになる本

田村セツコ

本体 1,388円+税
ISBN978-4-87723-207-8 C0095

年齢を重ねながらどれだけ美しくおしゃれに暮らせるか？ 79歳でますますかわいくおしゃれな田村セツコさんが書き下ろした「おしゃれ」や「生き方の創意工夫」の知恵！イラストも満載です！

孤独をたのしむ本 100のわたしの方法

田村セツコ

本体 1,388円+税
ISBN978-4-87723-226-9 C0095

人は誰でもいつかはひとりになります。いつでもどんなときでも「ひとり」をたのしむコツを知っていたら、素敵だと思いませんか？ 80歳現役イラストレーターの田村セツコさんがこっそり教える「孤独のすすめ」。カラーイラスト16ページ！ 挿絵も満載です。

あした死んでもいい 30分片づけ 【完本】すっきり！ 幸せ簡単片づけ術

ごんおばちゃま

本体 1,200円+税
ISBN978-4-87723-219-1 C0030

6年前に出版された『すっきり！幸せ簡単片づけ術』を、大幅リニューアル。新たに、和室や子供部屋、広縁、廊下、収納庫、納戸（屋根裏も含む）、などをプラスしました。

あした死んでもいい 暮らしかた

ごんおばちゃま

本体 1,200円+税
ISBN978-4-87723-214-6 C0030

「身辺整理」してこれからの人生、身軽に生きる！ こうすれば暮らしがすっきりする「具体的な89の方法リスト」収録。

「いつ死んでもいい暮らし方」でスッキリ幸せ！

老いを読む本

年をとっても
ちぢまない まがらない
一日五秒、筋トレで背筋ピシッ!

船瀬俊介

本体 1,300円+税
ISBN978-4-87723-210-8 C0095

「背が縮む」「腰が曲がる」。あなたは老化現象だとあきらめていませんか？本書のちょっとした工夫で、ヒザ痛、腰痛、脊柱管狭窄症も改善されます！

老人病棟
高齢化！
こうしてあなたは〝殺される〟

船瀬俊介

本体 1,400円+税
ISBN978-4-87723-199-6 C0095

―10人に9人は病院のベッドで、あの世いき―
“高齢化社会の闇”の全貌を、反骨のジャーナリスト、船瀬俊介が徹底的にあばいた必読の書。

ホームレス川柳
野良猫が 俺より先に 飼い猫に

興陽館編集部 編

本体 1,100円+税
ISBN978-4-87723-197-2 C0092

ホームレス支援雑誌『ビッグ・イシュー』人気連載、ホームレス川柳が一冊の本になりました。切なくも、不思議に明るく突き抜けた言葉。路上から見上げた、人生はこんなに奥深い。

まちがいだらけの老人介護
心と体に「健康」をとりかえす
82の方法

船瀬俊介

本体 1,400円+税
ISBN978-4-87723-216-0 C0095

なぜ日本の寝たきり老人はヨーロッパの8倍、アメリカの5倍もいるのか？おかしな日本の介護を一刀両断!! 800万団塊世代よ目をさませ！「少食」「菜食」「筋トレ」「長息」「笑い」を現場に！

人生を読む本

死の準備教育
あなたは死の準備、はじめていますか

曽野綾子

本体 1,000円+税
SBN978-4-87723-213-9 C0095

少しずつ自分が消える日のための準備をする。「若さ」「健康」「地位」「家族」「暮らし」いかに喪失に備えるか？

曽野綾子が贈る「誰にとっても必要な教え」。

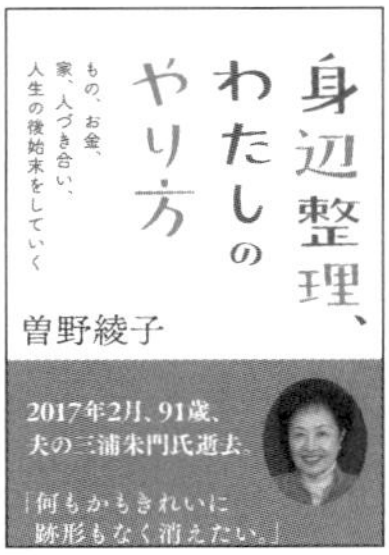

身辺整理、わたしのやり方
もの、お金、家、人づきあい、人生の後始末をしていく

曽野綾子

本体 1,000円+税
ISBN978-4-87723-222-1 C0095

モノ、お金、家、財産、どのように向きあうべきなのか。曽野綾子が贈る「減らして暮らす」コツ。

老いの冒険
人生でもっとも自由な時間の過ごし方

曽野綾子

本体 1,000円+税
ISBN978-4-87723-187-3 C0095

曽野哲学がこの一冊に。だから、老年はおもしろい。誰にでも訪れる、老年の時間を、自分らしく過ごすための心構えとは。人生でもっとも自由な時間である「老いの時間」を、心豊かに生きるための「言葉の常備薬」。

流される美学
流されて生きることは人間の運命

曽野綾子

本体 900円+税
ISBN978-4-87723-193-4 C0095

人間は妥協する以外に生きていく方法はない。人間には変えられない運命がある。この運命の不条理に、流されて生きることも一つの美学。60年間以上、人間を見つめてきた作家の究極の人間論。